红色记忆® 49

抗战时期的地方武装

海南省文化交流促进会　编著

南海出版公司

2015·海口

图书在版编目（CIP）数据

红色记忆 . 49，抗战时期的地方武装 / 海南省文化交流促进会编著 . — 海口：南海出版公司 , 2015.12（2025.1 重印）
ISBN 978-7-5442-6307-8

Ⅰ . ①红… Ⅱ . ①海… Ⅲ . ①革命传统教育 – 中国 – 青少年读物 Ⅳ . ① D642-49

中国版本图书馆 CIP 数据核字（2015）第 309944 号

HONGSE JIYI · 49——KANGZHAN SHIQI DE DIFANG WUZHUANG

红色记忆 · 49——抗战时期的地方武装

作　　者　海南省文化交流促进会
总 策 划　刘　栋
顾　　问　贾延岩
执行总编　任在齐
责任编辑　聂　敏
封面设计　郑广明
排版印务　吴　雪
发行总监　杨成春
出版发行　南海出版公司　电话：（0898）66568505
社　　址　海南省海口市海秀中路 51 号星华大厦五楼　邮编：570206
电子信箱　nhpublishing@163.com
经　　销　新华书店
印　　刷　天津睿意佳彩印刷有限公司
开　　本　787 毫米 × 1092 毫米　1/16
印　　张　6.25
字　　数　109 千字
版　　次　2015 年 12 月第 1 版　2025 年 1 月第 2 次印刷
书　　号　ISBN 978-7-5442-6307-8
定　　价　39.80 元

序

对历史无知的人，没有真正的信仰可言；没有信仰的人，不可能拥有美好的理想，不可能胸怀崇高的情感，也就不可能担负起任何责任。用欲望文化代替历史教育，足以使一个国家的青年被腐蚀、使一个民族的希望被毁掉，使这个国家和民族被永世万代地奴役！

鉴于此，我们呼唤历史，唤回那段属于二十世纪的“红色”历史，唤回那段炮火硝烟、颠沛流离的历史，唤回那冲天的狼烟留下的悲壮回忆、岁月年轮沉淀的斑驳痕迹。历史不应该被忽略，更不应该被遗忘，牢记那段革命战争年代的红色历史更是责任。为了那些不应该被忘却的记忆，为了那些不应该被丢弃的信念，于是就有了这套《红色记忆》丛书。

曾记否，当草鞋与意志丈量出来的两万五千里穿越一个伟大民族五千年的荣辱兴衰，革命的火种被一路播撒、一路点燃。人迹罕至的雪山、荒无人烟的草地被鲜血浸透，衬映出一段光辉的里程；万水千山早已被远远地抛在身后，一轮红日在黄土高原磅礴而起。满目疮痍的河山在1936年10月温暖如春……

曾记否，当生命和鲜血浸染的十几年光阴将一种记忆铭刻进一个伟大民族的历史画卷，革命的火焰从星火到燎原。这栏杆拍遍、易水悲歌般的呼号，这折戟沉沙、慷慨赴义的悲壮，这铁马冰河、枕戈待旦的苦战，这红旗漫卷、所向披靡的豪迈……腔腔热血、铮铮铁骨早已被熔铸成一座不朽的丰碑，中华民族从苦难中百死后生的壮丽诗史凝结成了五星闪耀的红色记忆。

曾记否，中华人民共和国成立以来，又有无数英烈接过前辈用鲜血染红的旗帜，或壮怀激烈戍边卫国，或忠于职守鞠躬尽瘁，或绝甘分少奉献大爱，甘做国家强盛、人民富裕的铺路石，成为和平年代民族复兴的荣光，把人民心中的红色记忆浸染得分外鲜艳，永不褪色。

这红色记忆，是信念不衰、志向不改的崇高气节；这红色记忆，是无私无我、生属苍生的博大胸怀；这红色记忆，是敢为人先、披荆斩棘的拓荒精神；这红色记忆，是中华民族最宝贵的精神财富。它告诫我们，人事有代谢，传承无绝期。缅怀先烈精神，继承先烈遗志，是社会的道德和民族的良心，是后来者须臾不可忘怀的本分。

老一代人把历史的真实交付给我们，我们有责任用真实还原历史，传承给下一代，把那段岁月与现在年轻人的生活连接到一起，使他们眼中的历史变得立体、真实、可靠，让历史成为他们前进的动力。本丛书将那些流动的、随时会飘散在时间天际的事件凝固下来，希望透过这些文字、图片，感受到英雄们那坚定的革命信念，感受到那个年代澎湃的革命激情，真切体会那段“红色历史”。

忘记历史，就意味着背叛。让我们重温历史，缅怀先烈，从中汲取力量，毅然前行。

刘栋

目录 CONTENT

目录

CONTENT

两支抗日力量的1938

文/卢　昱

1938年春，在山东抗日武装力量中有两支部队，一东一西，皆从民众中汲取力量，当时有着相同的出发点——打击日军，保卫国家。

随着抗战征程的转折、敌我力量的变化，这两支部队的归途却迥异。细究其原因，还得在他们抗日的征途中一探究竟。

路家道口第一枪

位于山东东部的诸城，其民间抗日武装力量，颇有虎头蛇尾的意味，但追溯起其对敌第一枪，却也轰轰烈烈。

1938年初春，一场大雪使诸城大地银装素裹。正当人们盼着瑞雪兆丰年时，日本侵略者的铁蹄踏来了。

时任第七区区长的路景韶，在一些爱国志士和热血青年的积极建议下，率领地方武装，对沿诸高公路南进的日本士兵发动了一场突袭，打响了诸城抗日第一枪。

1938年2月2日（农历正月初三），午后2时许，日本侵略军一千余人，沿诸高公路向诸城进犯。路景韶得知消息后，立即组织联庄会员五百余人，埋伏在路家道口一带。

“年初四清晨，日军三辆满载军火的汽车行驶到芦河被陷住。车上的十九名日军除留下几人看车外，其余纷纷到村里抓人推车修路。”路景韶的胞弟、参加此次战斗的路君约回忆道。

北风呼啸，天空阴沉。大约8时许，区保卫队集合百余名队员，分两个小队，一队正面出击敌人，一队从侧翼包抄敌人。另有约二十人作为青年预备队，随时听候调遣。队员们听说要打日军，都跃跃欲试，有的擦拭枪支，有的挑选子弹。

出击的小分队由王冠三指挥。二十余名队员走出路家道口村围子西门，他们扛着铁锨，抬着条筐，腰里别着短枪、手雷，伪装成给“皇军”修路的百姓。队伍三五成群，佯装松松垮垮，逐渐靠近敌人。当走到一片坟地处，队员们迅速隐蔽起来。随着队长一声令下，一齐向敌人开了火。

枪声、手雷的爆炸声和队员们的呐喊声交织在一起，日军第一次在胶东一带遇到这种阵势，一时被吓蒙了。愣了一会儿的日军，慌慌张张地奔向汽车，抢取枪械，猛烈还击。面对敌人的顽抗，队员们打得坚决。有几个日本兵龟缩在公路一侧的壕沟底下，连头也不敢抬。冒险反扑的日军，有的被手雷炸倒，有的拔腿就跑。大家沉着应战，紧盯着敌人，等日军靠近后再开枪。枪声时断时续，双方相持约两小时。

日军摸不清我方虚实，只好于11时左右调来援兵。跳下军车的日军援兵，以“国军”早年修筑的战壕和一块坟地为掩护，向我方发起进攻。我方且战且退，退入道口村里。敌人亦尾随上来，包围了圩墙的西、南、北三面。战况极为激烈，日军以三发炮弹为一组，自圩墙东北角至西南角、东南角至西北角，排列对角交叉射击。猛烈的炮火使全村笼罩在弥漫的硝烟中。

至11时，我方先后有六名队员阵亡，其余突围撤出至东南二十里外的齐沟、米沟子等村。其中著名爱国人士赵明宇，拒绝徐州第五战区长官部的电邀，宁愿在家乡率子弟辈参与抗战。

我部撤出后，敌军灰溜溜地抬着八副担架撤回城内。翌日清晨，日军又派出百余人，携带山炮一门，袭击路家道口，进村后绕行一圈即返回。

“损失了来之不易的四五万发子弹，还险些全军覆没，犯了兵家之大忌。”路君约回忆道。不过当地群众对此役的记忆颇为深刻，至今民间仍有打油诗流传：“正月初四满地雪，日本鬼子打中国。大兵进了十里铺，道口庄里开了火。”

路景韶领导的游击队，在道口伏击日军后，声势大振，周边很多村庄的爱国青壮年都来投奔，队伍迅速扩大到千余人。其原番号为保安第六团，后改为第九旅，直属国民党苏鲁战区领导，活动范围逐渐扩大到诸城、胶县、胶南三县的边境山区。

这支游击队曾直接打击伪军，还联合其他游击队在胶济铁路上破坏交通，使日军惊慌不安。遗憾的是，这支民间抗日力量，由于各种主客观原因，于1942年解散。

黑铁山上举红旗

与诸城伏击战几乎同步的，还有在邹平一带活动的廖容标队伍。

廖容标

1937年10月，老红军团长廖容标化名廖之秀，以平津流亡学生的身份，由地下党交通员带到济南。时任山东省委书记的黎玉会见了廖容标，并将他分配到长山中学，让他以体育教员身份作掩护，和已先去该校工作的地下党员姚仲明、赵明新同志组成党小组，以该校为依托，发动群众，为武装起义做准备。

“一个久战沙场的红军军事干部穿上长衫做秘密工作，一个只读了几年私塾的‘半拉子’学生当中学教师。廖容标遇到的困难可想而知。”路君约之子、今年七十七岁的路建人介绍道，廖容标上课时，拿起粉笔似乎比拿一支步枪还重；他不会打篮球，不懂球规，夜晚就躲在宿舍里练球、学球规，强记体育讲义。

不久，校长马耀南发现廖容标在课堂板书时，常常使用红军体的简化字，对廖的来历产生了怀疑。于是，姚仲明与廖容标先后和马耀南进行了开诚布公的谈话，宣传党的抗日主张，争取他支持抗日工作。马耀南对共产党表示敬佩，愿意同八路军派来的人合作抗日。

从此，长山中学真正成了培养抗日骨干的学校。马耀南也跟着党走上革命道路，他毅然让全家参加革命，并捐献出他的全部家产，作为抗日经费。后来他加入中国共产党，在战斗中不幸壮烈牺牲。

长山城内外的抗日活动和宣传范围由县城迅速扩大到乡村。同时，党小组根据清河地区的条件，选择群众基础较好的黑铁山作为起义地点。黑铁山距离当时的长山县城六十里地，那里党的影响比较大，参加我方游击训练班的人比较多。

12月24日，日军飞机轰炸长山城，国民党政府仓皇南逃。“也就是在同一天，我姨汪瑜在泰安城外，用借来的门板搭起台子演抗日节目。下午三四点钟，泰安城方向传来‘轰隆轰隆’的爆炸声，原来是日本鬼子的飞机轰炸了泰安城。当我姨赶到家里的时候，我姥爷、姥姥刚从震塌的屋里出来，满身灰土。城内到处是断壁残墙，一片凄惨景象。”路建人介绍道，此后汪瑜更是坚决抗日，参加了徂徕山起义，并在抗日烽火中与廖容标相识，结为伉俪。

当日，趁长山城内群龙无首，廖容标和姚仲明立即把学生带到城南神坛树林内，召开武装起义动员大会。从报名参加游击队的学生中挑选出六十多人，连夜向预定的起义地点——黑铁山进发。

黑铁山抗日武装起义旧址

1937 年 12 月 27 日，姚仲明按照山东省委的决定，庄严宣布山东人民抗日救国第五军正式成立。廖容标宣布了建军原则和制度，教唱《三大纪律八项注意》歌，严令贯彻执行，使部队从一开始就起步在人民军队的轨道上。这支起义队伍的武装，当时虽然只有三支步枪和八把大刀，但群情激昂，斗志旺盛。

红旗一举，四方响应。由共产党员带领的工人、农民游击队纷纷向黑铁山会集，连长山县国民党政府的县大队也走投无路，携械全部投奔而来。仅三四个月的时间，队伍就发展到六千多人。

1938 年，新年刚过，在第五军的党小组会上，廖容标郑重提出：为振奋民心，为扩大抗日队伍的影响，必须主动出击。目标首先选定已被日军占领的长山城。他的提议获得一致通过。

1 月 7 日傍晚，廖容标亲率三十多人组成的战斗队，由黑铁山出发，迂回行军九十里，抵达长山城城北一个村庄后隐蔽起来。8 日，派人侦察敌情。下半夜，战斗队进逼城脚，由西北角攀登而入，直奔文庙的汉奸维持会。战斗队突然袭击，未放一枪，伪军就全部束手就擒。首战告捷，声威大震，敌伪丧胆，民众欢欣。

夜袭长山之后，五军战士斗志昂扬，求战情绪极高。1 月 19 日，廖容标又和姚仲明带领部队，在小清河陶塘口附近的安家庄伏击日军汽艇一艘，全歼敌酋旅团长、联队长、高级参谋以下日军十二人。五军再战，又获大胜。

日军在连连失败之后，开始疯狂地报复。他们纠合了周村、邹平等地四百余名日伪军向我军进攻。2 月 4 日拂晓，我军在廖容标的指挥下，于邹平长白山北麓三官庙迎击敌人。在当地人民群众的积极支援下，我军与装备精良的日伪军激烈交战，击毙、击伤敌百余人，使敌人在清河地区再一次受到沉重打击。

山东出了个“菩萨司令”

廖容标指挥作战，战前要详细了解敌情，周密研究作战方案，敌强我弱时决不让战士硬拼，争取以极小的代价换取大的胜利。开战时他亲临前线，身先士卒；撤退时他留在队尾压阵，常常亲自端着歪把子机枪掩护。战士受伤，他亲自抬担架。到了冬天，他还把棉裤让给部下穿。

1938 年春，廖容标率领队伍路过淄川东北的罗村，村里群众误以为是土匪来骚扰，连忙紧闭围子四门，不让进村。

廖容标对此不仅不恼怒，反而很体谅群众，因为在罗村附近方圆几十里内，八大土顽司令各霸一方，大小股土匪不计其数。他们四处骚扰村庄，时常向村里要钱、要粮、要女人，被群众视为“洪水猛兽”。而第五军从未到过这里，群众对第五军也不了解。

廖容标一面派宣传队到围墙下宣传团结抗日，宣传“三大纪律八项注意”，讲述小清河和三官庙战斗的故事；一面命令部队在村外河滩上，枕着河床上的石头休息。战士们在休息时间唱歌、学文化，纪律十分严明。群众第一次见到这样的队伍，随即开门迎接。

进村后，战士们立即帮助老乡挑水、扫地。廖容标带着几名战士走访群众，发现各家正在炸鱼、炸肉、蒸馒头，准备给土匪司令翟超的队伍送去。原先群众给土匪们送的是煎饼，他们嫌不好吃，等煎饼发霉长了绿毛，又给送回来，要换鱼、换肉。群众只得凑钱买了做好再送去。廖容标看到这种情况，就跟同志们说：“老百姓的血汗快被土匪们榨干了，我军不能再增加群众负担。”

于是，他命令炊事员把土匪送回来的霉煎饼收集来起，洗干净，放上盐，用水泡在缸里，然后通知部队开饭。廖容标一声不响地蹲在缸前吃了两碗，战士们一看也都跟着吃了起来。群众见了，热泪盈眶。老乡说：“这支队伍打鬼子厉害，跟俺穷人心连心，真是救苦救难的‘菩萨军’。”这事迅速在淄川、博山一带传开，而廖司令也就被群众亲切地称呼为“菩萨司令”了。

一次，部队来到南博山村时天还没亮，为了不惊动村民，廖容标下令就地休息。天亮后，战士们马上忙着帮村民挑水、打扫卫生，整个南博山村立即欢腾起来。

1938年8月，山东省委书记黎玉赴延安向毛泽东汇报工作时，说道：“山东抗日根据地的小学语文课本，称红军干部廖容标为‘菩萨司令’。”毛泽东闻之击掌称赞，继于大会上表扬说：“山东八路军出了个‘菩萨司令’，他就是我们的廖容标同志。”

“在整个战斗中，我们得到了群众的大力支援。不分男女老少，都冒着枪林弹雨，给我们送茶送饭，使我们始终水足饭饱。战后，群众又展开了盛大的慰劳工作。这种鱼水关系，使我们在整个抗日战争中渡过了许多难以想象的难关，实在使人永远难忘。”在黑铁山起义二十年后，已是中华人民共和国中将的廖容标感叹道。

（本文发表于2015年7月，选自《大众日报》，有删节）

泰汶烽火：百余人扛大旗踏上抗日征途

文/李　雪

1938年1月12日，泰安、肥城起义人员在空杏寺会合，正式成立山东西区人民抗敌自卫团（1938年11月整编为八路军山东纵队第六支队）

四面青山环抱，翠柏蔽日，木门、木窗古色古香，平静的空杏寺景色甚幽。但在七十七年前，空杏寺破烂不堪，两厢倒塌，不露天的正殿成了抗日队伍唯一的栖身之所。1938年1月，日军入侵肥城。1月中旬，边院、安临站等地的两支抗日武装与张北华、远静沧等率领的由十人组成并携有十一支枪的夏张抗日武装，在肥城空杏寺胜利会师，宣布成立山东西区人民抗敌自卫团，举起了泰西武装抗日的大旗。

誓师空杏寺，初建抗敌自卫团

“1937年7月7日，七七事变爆发了，那个时候，咱们共产党呼吁全中国人民和政府与部队团结起来，一起抵抗日军侵略。当时咱们山东省也派出了几路人马，宣传抗日救国，其中就有三路人马来到我们村里，在空杏寺举行了起义。”今年七十五岁的郑庚家是肥城市仪阳镇空杏寺村的老书记。走进当年起义的空杏寺正殿，他在古朴的木门石阶前，讲起了泰西武装起义的故事。“为什么在空杏寺会合呢？因为空杏寺位置适中，夏张离泰城太近，要向西边靠拢，所以（会师）地点定在空杏寺。”

1937 年抗日战争全面爆发后，中共山东省委确定在全省分区发动抗日武装起义，泰西地区是省委拟定的起义地点之一。此时的泰西地区，东依泰山，与鲁中地区以津浦铁路为界；西跨黄河，连接河北、河南、山东三省；南毗济宁、兖州，紧扼京杭运河要冲；北靠省城济南，铁路、公路、水路四通八达，战略地位十分重要，具有对发动抗日武装起义有利的政治条件和社会基础。1938 年 1 月 1 日凌晨，张北华、远静沧、崔子明、程重远、夏振秋、夏天任、曹龙骧、叶子真、叶明伦、刘西岐（即刘标）十人，携带十一支枪，坚定勇敢地踏上了武装抗日的征途。

在党的领导下，1938 年 1 月中旬，在夏张起义的张北华、远静沧、程重远、夏振秋、崔子明等人，在肥城安临站一带起义的徐麟村、李文甫、葛阳斋、乔绶卿、陈惠民、孙诗贵等人，与在边院一带起义的王仲范、张魁三、张韶三等人，这三支抗日武装共一百多人，在仪阳镇空杏寺会师，成立山东西区人民抗敌自卫团，点燃了泰西武装抗日的烈火。“那个时候崔子明来得最早，就住在我们家。听我母亲说，白天基本见不到他，只有他家属在我们家里，晚上他才回来。后来又来了两伙人，一共差不多百十口子人，就在空杏寺里起义了。他们那时候的旗还是用的被单子，在上面写上了‘山东西区人民抗敌自卫团’几个大字。”郑庚家说，这些故事都是他听自己的母亲和当年的亲历者讲述的。

在郑庚家当村书记的这些年里，也对空杏寺进行了整修，但空杏寺的原貌基本没有改变。村子里一代代的人，在这里倾听着抗战的故事。“自卫团成立后，大家一致推选张北华任主席，葛阳斋任副主席，远静沧任政治部主任（实际履行政委之职）。泰安县（今泰安市）西部组织起来的队伍编为第一大队，由张韶三任大队长，崔子明任指导员；肥城县（今肥城市）组织起来的队伍编为第二大队。自卫团的大旗在泰西地区高高飘扬起来，一支由共产党领导的、坚决抗战的人民子弟兵诞生了。自卫团很快发展到十七个大队，达两千七百余人，成为鲁西抗战的一支劲旅。”

首克肥城告捷，夜袭界首再捷

“在自卫团成立前几天，村子里经常出现两三个人一伙的队伍。因为我们村子人少，那时候就一两百口人，所以村民们很好奇，后来得知是抗日队伍到来，那时候我们都很欢迎，支持他们抗日。后来起义的那几天，他们就全部挤在寺里，现在这个北面的屋是他们当时办公的地方。”在战斗中成长，在战斗中壮大，自卫团正式成立后，决定攻打肥城。“肥城县商会会长范维新组织起汉奸‘维持会’迎接日

本人，心甘情愿充当日本侵略者的鹰犬。自卫团为了打击卖国投降势力，震慑敌人，稳定民心，决定首先攻打肥城。到达肥城县城后，一下子就打垮了维持会武装，缴获长短枪十几支，活捉‘维持会’会长范维新。自卫团在南大寺召开公判大会，枪决了范维新，打响了泰西武装起义的第一枪。”郑庚家说道，在自己任村书记的时候，当年参加过泰西武装起义的老兵曾回过空杏寺，自己知道的很多故事都是这位老兵告诉他的。

后来，自卫团在大小董庄整训时，得知泰（安）肥（城）公路上的鱼池村经常有几名日军活动的情报。为消灭这几个日本兵、打击日军侵略者的嚣张气焰，自卫团抽调几十名精干队员，伺机伏击敌人。可没想到鱼池村一连几天都没来日本兵。这时，部队得到群众反映，津浦铁路沿线的日军运输队异常繁忙。张北华等便带领部队转移到响水寺，并派队员到界首村和车站侦察敌情，准备打击日本侵略军。侦察人员回来报告，界首村仅驻守着七八个日本士兵，自卫团决定歼灭这股敌人。

1938 年 1 月 28 日夜，部队急行军赶到界首车站（今属济南市长清区）附近。根据作战意图，张北华将部队分为三个小队。各小队分头行动后，张北华亲自带人摸进村里，发现敌情有了很大的变化，敌人兵力突然增加了十倍以上。在这种情况面前，张北华依然坚定、沉着，又亲自带崔子明和刘西岐摸进敌人的宿营点。他们用大刀、刺刀像劈西瓜似的连连劈向酣睡中的日军，一口气砍死七八个日本士兵。被惊醒的日军挥舞着军毯反抗，三下两下，蜡烛被扑灭，屋里一片漆黑，双方展开混战。为了避免大的损失，张北华等随即撤至村外。驻火车站的敌人发现情况后，企图出来增援，遭到负责掩护的陈惠民小分队的猛烈阻击。日军在我军的突然袭击下，乱作一团，机枪、小炮毫无目标地乱打一气。张北华等带领部队隐蔽地撤出战斗，迎着胜利的曙光返回夏张镇。

这次战斗，打死、打伤日军二十余人，打死敌人战马十几匹，缴获步枪三支。战斗中，自卫团战士管伟牺牲，另有一名同志负伤。管伟是自卫团成立后牺牲的第一位烈士，自卫团在肥城为其召开了追悼会。程重远曾为界首战斗赋诗：“抗日初试武，夜袭界首镇。健儿六十名，跃起精神振。”

支援台儿庄会战，道朗血战四捷

1938 年 3 月下旬，国民党军队在徐州附近集结大批兵力，准备与日本侵略军会战。这时，津浦铁路和沿线公路的日军运输队异常繁忙。自卫团侦察到敌人的活动情况后，经研究决定沿津浦铁路破坏敌人的补给线，打击袭扰日军，主动配合徐州地区的正面战场作战。

津浦铁路

1938年4月初的一天夜里，崔子明、马醒民、李正华等人率领抽调的五十多名自卫团战士，趁黑夜将泰安以南黑虎泉附近的铁轨拆毁，埋伏在铁路两侧的高地上。次日拂晓，敌人一列军用火车到此脱轨，自卫团战士居高临下，猛烈射击，击毙、击伤押车日本士兵二十余人。待泰安日军赶来增援，自卫团已将列车焚毁并全部顺利安全转移。这次破袭使日军一个星期未能通车。

自卫团在泰安南破袭津浦铁路后，又派出了三个大队到泰安以北活动，并利用国民党军展书堂部提供的炸药，炸毁万德附近的铁路大桥、土门一带的公路桥以及界首北段的铁路，沉重地打击了抢修桥梁的日军。同时，自卫团第三大队一部在皮家店附近公路上伏击了日军的车队，缴获几十匹骡马和其他物资。津浦铁路破袭战，迟滞了日军的行动，有力地支援了台儿庄战役。

1938年4月6日，日军一百余人兵分三路向鱼池村一带进攻。为了保卫家乡，小马庄（道朗南）的群众与红枪会自行组织起来，与日本侵略军展开了殊死搏斗。张北华、远静沧等得到日军进攻的消息后，立即带领部队增援正在激战中的红枪会会员，并紧急通知其他部队赶到道朗，围攻这股敌人。同时命令崔子明带几个大队在道朗东北大圈一带阻击出动增援的泰安之敌。正在与敌苦战的红枪会会员，看到自卫团前来支援，士气大振，愤怒的群众也拿起各种武器和自卫团一起向敌人发起猛烈攻击。日本侵略军招架不住，狼狈败逃。自卫团乘胜追击，歼敌一部，并将一股日军包围在泰（安）肥（城）公路道朗村北边一块坟地里。敌人凭借有利的地形和精良的装备负隅顽抗。由于自卫团武器装备差，虽将敌人围困多时，但未能将敌全歼。在战斗中，自卫团的创始人之一、团政治部主任、优秀的共产党员远静沧不

幸牺牲。1938 年 11 月下旬，泰西起义各部队齐聚大峰山区。根据中央和八路军总部的命令，正式改编为八路军山东纵队第六支队。

山东西区人民抗敌自卫团，从 1938 年初开始组建，至 1938 年 4 月初的道朗战斗，在三四个月的时间内，进行了打肥城、袭界首、炸铁路和道朗战斗。到 1938 年底，泰西自卫团从空杏寺会师时一百多人的小部队，发展成一支五千余人的浩浩荡荡的抗日大军。在中国共产党的领导下，泰西抗日武装经历了尖锐复杂的斗争，战胜了重重困难，发展成八路军山东纵队的主力之一。

（本文发表于 2015 年 8 月，选自中华泰山网）

村民组织抗战队伍 十二人自卫队打退日军

文 / 周如雨

烧焦的横梁、断瓦残垣的大门、嵌入土中的楼房废砖……七十多年过去了，这些留在桂平市马皮乡合好村的印记，似乎仍在诉说着当年的抗战故事：十二名村民自发组织抗战队伍，依靠有利地势，两次打退进村掠夺的日本侵略者。

组队：依托地形打游击

1944 年春，日本侵略者发动了豫湘桂战役，目的是打通一条从中国东北直通越南的大陆交通线，以将侵华日军各部分贯通起来，并联系被切断海上交通的南洋日军，挽救日本侵略者在太平洋战场上的颓势。同年冬，战火烧到了桂平县（今桂平市）一带，日军于马皮乡马皮街驻扎了一个排的兵力。

张铭济的家乡在马皮乡合好村，他当时是一名大学生，在日本侵略者攻打南宁前，就回家“走日本”（躲避日军之意）了。但在日本侵略者驻扎马皮街后，张铭济面对敌人的嚣张气焰，心中燃起了一股怒火。于是，他组织自家兄弟张尧济、张勋济等五人，并联合曾在张云逸部队担任连长、请假回家养病的张日阳等七人，一起想办法抵抗日本侵略者。

具有作战经验的张日阳提出：“合好村四周有茂密的竹林，只有两个入口可进村，我们可以依托复杂的地势、一人高的草丛、围墙的炮孔等，和日本侵略者开展游击战。”随后他们分配了八支土枪、大刀等武器，并推选了张日阳担任自卫队队长。

战绩：让日军两尝败绩

12 月下旬，九名日本士兵从马皮街驻地向合好村进发，目的是抢夺口粮。当他们靠近村边时，埋伏在竹林、草丛中的村民将子弹上膛，等张日阳口令发出，便一起朝日本士兵开火。

当时合好村两个入口中的一个，门上的洞口为合好村自卫队村民抗击日本侵略者所用

临时组队的村民枪法比不上正规军，难以有效杀伤入侵者。幸亏连长出身的张日阳枪法很准，他一枪打中其中一个日本士兵的头部，致其当场死亡。日本士兵突然遭遇袭击，顿时慌乱，连忙拖起地上的尸体想往马皮街驻地处撤离，此时张日阳再次利用隐蔽炮孔向外打了两枪，将拖尸体的其中一名日本士兵击毙。

至此，合好村自卫队初次抗战告捷，打死了两个日本士兵，缴获了步枪一支。

三天后，吃了亏的日本侵略者为了报复，出动了十多个士兵，再次向合好村进攻。而侵略者的一举一动，合好村自卫队早已获悉，他们继续埋伏在有利地形处沉着应战。

随着张日阳再次发出枪响，合好村自卫队开始了第二次自卫反击战。自卫队继续依靠有利地形陆续消灭了三个日本士兵，但此次由于敌人早有准备，自卫队队员也有死伤。战斗持续了将近一个小时，敌人久攻不下，再次灰溜溜地拖着队友尸体返回了驻地。

见证：残垣断壁今犹在

日本侵略者连吃两次败仗后，不敢再靠近村子周边与自卫队展开“肉搏战”。次日，他们利用武器优势，在合好村对面山坡上架设迫击炮，朝着合好村内属于张铭济家族的占地四百多平方米的五层青砖楼开炮。数分钟后，青砖大楼成了废墟。合好村自卫队也难敌对方火力，暂时撤退到一个名为“木路岭”的山头上。

据合好村自卫队仅剩成员、现年九十二岁的张春辉老人回忆，当时日本侵略者攻破村子后，再次来到青砖大楼旁的副楼，泼上汽油点燃，随后继续在村子里放火、抢粮，一时间村子成为一片火海。

看到村庄被日本侵略者洗劫，合好村自卫队策划找机会主动到马皮街的日军驻地复仇。然而 1945 年初，随着国际形势的变化，日军开始出现颓势，兵力也开始往较大的城市收缩，马皮街驻地的日军撤回了桂平县，合好村自卫队未能找到机会复仇。

七十多年过去了，村子里还保存有当年日本侵略者的罪证：青砖大楼副楼烧焦的横梁、被炮弹轰炸得只剩门框的村门……这些保存下来的残缺建筑，记录着七十多年前的抗战故事。

张春辉老人说，虽然现在是和平年代，但是这些建筑还是要保存下来，要让后辈们都牢记当年历史，也希望能给中国抗战史增添一些丰富的历史遗存。

（本文发表于2015年8月23日，选自《南方早报》）

辽宁民众自卫军宽甸抗敌

文 / 宋占方

九一八事变后的 1932 年 4 月 21 日，以唐聚五为首的爱国志士，在桓仁县城召开大会，决定举旗抗日，成立了辽宁民众自卫军。鉴于当时的形势，总司令唐聚五派副总司令张宗周率第五路军驰往宽甸驻守，准备迎击日军进犯，保卫宽甸。

唐聚五

首战告捷

1932 年 6 月 6 日夜，日军第二十师团两千余人，在第六飞行联队的掩护下，从朝鲜昌城分两路向宽甸进犯。第一路由井平大尉带领一百四十名日军于半夜 11 时 30 分渡过鸭绿江，7 日晚 6 时侵占宽甸境内的永甸区；第二路由福良中尉带领一百二十名日军，沿鸭绿江岸乘汽车至宽甸县内小蒲石河渡半拉江，进攻太平哨区。

辽宁民众自卫军副总司令张宗周得知日军入侵的消息，于 7 日夜率自卫军及宽甸义勇军一千三百多人，前往距县城二十公里的永甸狗鱼浡布阵，阻击日军入侵。8 日凌晨，百余名日军排着长队沿公路向宽甸进犯。当日军进入狗鱼浡自卫军伏击圈内，张宗周一声令下，自卫军居高临下，步枪、赤榆炮一齐射向敌人，日军几次冲锋均被打退。日军又派出三百人增援，并调来五架飞机轮番向自卫军阵地轰炸。自卫军虽然有伤亡，但仍顽强坚守。激战至下午 5 时 30 分，日军无法前进，退回永甸。张宗周见部队弹药不足，不利追击，即令部队退至宽甸城南磬岭设防。此战，击毙日军三十多人，缴获步枪五支、子弹两箱。

当日晚，张宗周在磬岭布防，分兵杨木、老古岭等处，阻击日军进犯。

6月9日，日军从永甸再次向宽甸城进犯。经狗鱼淳战斗后，自卫军每支枪子弹不足二十粒。为节省子弹，自卫军决定采取近战战术。待日军刚行至磬岭顶时，自卫军一阵排枪猛烈射击之后，便跃出阵地发起冲锋，端着刺刀展开肉搏战，杀得日军抱头鼠窜。扼守老古岭阵地的自卫军一团一连，在与日军战斗中，因兵力单薄，被日军从山冈推至平地。正在危急关头，自卫军第二十六路军司令姜忠天率五十余名大刀队队员赶来助战。大刀队队员一边高声呐喊，一边手舞大刀，扑向日军。日军久闻大刀队之威名，深知他们在战斗中奋不顾身，于是丢下三挺机枪、两箱子弹，向山下逃去。

第二路日军侵入小蒲石河街后，于6月12日向宽甸红石砬子区韭菜沟进犯。驻守该处的自卫军一个连队奋力抵抗来犯之敌，激战两小时，自卫军另一连队赶到，两队前后夹击，击毙日军准尉一人、士兵十二人，日军败退。同日，侵入石柱子街的日军向太平哨进犯，行至大荒沟，遭到埋伏在密林中的宽甸东部的自卫军第一路军一个营阻击。自卫军火力极猛，毙伤先头部队二十余名日军，后队之敌只闻枪声，不见人影，无法还击，慌忙后退。自卫军凭借天险，无一伤亡。

日军自6日侵入宽甸县后，一路在狗鱼淳、磬岭受阻，另一路在韭菜沟、大荒沟受挫。6月13日，日军派飞机在宽甸县城上空抛撒传单，限自卫军三日内撤出县城，逾期不撤，则投弹轰炸。同时命令“伪鸭绿江剿匪军副司令”徐文海进攻宽甸城。

在日军欲轰炸宽甸城的重要关头，唐聚五电令张宗周撤兵。张宗周顾及宽甸民众的安危，也准备撤出宽甸城，但考虑到自卫军枪械弹药不足，伪军徐文海部又急于占城邀功，于是派人去向徐文海声言，要与徐决战，若不战，必须交出迫击炮两门、炮弹一百二十发、步枪子弹两万粒，否则决不撤兵。徐文海深知张宗周的厉害，哪敢交战，况且他已向日军保证，“两星期歼灭通、桓义勇军”，如占不了宽甸城，更无法向“主子”交代，遂答复愿交付械弹换城。经双方约定，为欺骗日军，徐假打，张佯败，让徐文海以胜利者姿态进城。6月15日下午，在枪炮声中，得到武器后的张宗周率部从容撤出县城。

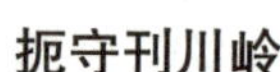

扼守刊川岭

刊川岭是宽、桓两县界山，地势险要，宽甸至桓仁公路穿越其间，是日军北进的必经要道。日军侵占宽甸城后，急于打开宽桓交通，以便向辽宁民众自卫军总司令部驻地通化进攻。张宗周率部撤出宽甸城后，按照唐聚五命令，坚守刊川岭一线。

7月16日，徐文海在日军督催下，带领两个大队及迫击炮队共八百余人向刊川岭自卫军阵地进攻。自卫军营长王振玉率三十余人在岭下大虎寸子西大坡设岗，见伪军进沟便鸣枪报警，然后边打边退，诱敌上岭。徐文海自恃武器精良，兵力雄厚，紧追不舍，在岭半坡，突遭埋伏在两侧的七八十名大刀队队员伏击。大刀队队员冲入敌群，伪军躲闪不及，被杀得队伍大乱，弃枪而逃。徐文海不甘失败，又发起几次冲锋。此时，其送给自卫军的两门迫击炮发生了作用。自卫军一阵炮轰，把敌人击溃。徐文海带领残兵败将逃向牛毛坞区。

牛毛坞克敌

9月6日，张宗周奉总部命令，密约自卫军第七路军郭景珊部、第一路军唐玉振部、第十一路军汤锡福部、第十二路军文殿甲部计六千余人，加后援部队共万人，围攻伪军牛毛坞据点。

9月7日4时，自卫军各部将牛毛坞街四面包围，发起总攻。架设在街区外山头上的赤榆炮猛轰敌人碉堡，打开两个缺口。8日晨，自卫军再次发起进攻。右翼以大刀队为敢死队，与伪军展开肉搏战；左翼与日军池田耕一部发生激战。郭景珊派一部大刀队从右翼迂回左翼，杀敌背后，冲入牛毛坞街。顿时，牛毛坞街炮火连天，硝烟弥漫，血肉相搏。张、郭两位指挥亲临战场督阵。自卫军为壮军威，将鞭炮在铁桶内点燃，声似机枪，震慑敌胆。

9月10日，“伪鸭绿江剿匪军司令”姜全我率千余名伪军，协同两百名日军，带着山炮等重武器开至牛毛坞增援。当日，张宗周命令六百余名大刀队队员绕至敌后，破敌据点；郭景珊令大刀队五百余人杀入敌阵，正面强攻。自卫军再次使用迫击炮，结果炮弹正中徐文海司令部，吓得徐文海慌忙上马逃窜。自卫军乘机杀进牛毛坞街，伪军纷纷缴械。

郭景珊

牛毛坞之战，击毙日伪军官兵二十六名，伤四十名，俘五百余名，缴获机枪两挺、机关炮一门、步枪数百支、子弹数万发、大车七辆。战后，总司令唐聚五分别授予张宗周、郭景珊、梅耀东、刘震海等作战有功人员“勇”字勋章。

端敌老巢

同日，自卫军获悉伪“鸭绿江剿匪军司令”姜全我率队开往牛毛坞增援徐部，其司令部驻地太平哨街空虚的消息后，张宗周命令两百余名大刀队队员奔袭太平哨街，端敌老巢。此时，伪“鸭绿江剿匪军司令部”仅有四十人留守。11日晨，自卫军趁天色未明冲入太平哨街内，攻下敌防守据点，毙伤二十多人，将其被服、给养、文卷悉数焚毁，得胜而归。

1932年10月，日军调集关东军四个师团和伪靖安军，对辽宁民众自卫军进行“大讨伐”。在敌强我弱的形势下，在宽甸坚持近半年的辽宁民众自卫军，于10月15日离开宽甸向通化转移。

（本文选自《人民政协报》）

抗日英雄村组织自卫队痛击日军

文 / 侯县军　严艺超

穿过惠州市博罗县福田镇柿树吓村蒲芦氹村民小组（以下简称“蒲芦氹村”）的广汕公路，日夜车辆川流不息，路旁矗立着一个恢宏的门楼，异常显眼。该门楼铭刻着对联“爱和平求进步青春酬壮志，拼日军保家园热血铸英名”，横批为“蒲芦氹抗日英雄村”。1939 年 1 月 25 日，蒲芦氹村的自卫队和民兵，勇敢地击退了日军在六架飞机及大炮、机枪掩护下的几次冲锋，击毙侵华日军五十六人，击伤一大批。但乡长赖瑞琮及自卫队队员赖双百、赖继红等近十人壮烈牺牲，村庄也被日军付之一炬。

中国军队反攻增城，大军在罗浮山中

小村庄组织抗日自卫队

1938 年 10 月，日军从大亚湾登陆，惠阳、博罗、增城、广州相继沦陷。增城被日军占据，位于罗浮山南麓、博罗县与增城市（今增城区）交界山口荔枝坳东面的蒲芦氹成了抗日前线。当年 10 月下旬，中共领导的增城市第三区常备队转移到福田联和乡一带，在增城、博罗边界山区开展抗日游击活动。不久，联和乡民众抗日自卫团成立，由乡长、蒲芦氹人赖瑞琮任团长。当时，蒲芦氹有七十多户赖姓人家，计三百余人。赖瑞琮后又在蒲芦氹组织了抗日自卫队，队员四十余人，配步枪五十余支、短枪十支，手榴弹数百颗。

1939 年，自罗浮山开赴前线的生力军

日军为巩固增城据点，常在增博公路沿线村庄进行“扫荡”。蒲芦氹离荔枝坳猪石岭不到一公里，因而时常受到日军侵扰和掠夺，一些村民还被日军抓去做杂役和修筑工事。见日军蹂躏家园，蒲芦氹村民在抗日自卫队的发动下，与日军展开斗争。村民们夜袭或伏击日军，同时设立瞭望站，一旦发现日军出动便鸣锣示警，以便大家疏散隐蔽，自卫队员则开赴荔枝坳伏击，挫其锐气。

蒲芦氹村民和日军的斗争在 1939 年 1 月 25 日达到高潮。当日，四十多名日本骑兵再次出动，从增城窜来蒲芦氹，村民鸣锣击鼓，把日军吓跑了。当晚，四五百名日军再次进犯蒲芦氹，联和乡民众抗日自卫团五六十名武装民兵在团长赖瑞琮率领下，利用地形优势进行反击，击退日军几次冲锋。

民兵一边应战，一边组织村民转移。次日拂晓，蒲芦氹村民撤离至罗浮山丛林中。早晨，日军出动六架飞机进攻蒲芦氹，在大炮和机枪的掩护下，日军冲进蒲芦氹，大肆烧杀抢掠。蒲芦氹近十座清代老屋被付之一炬，大火烧了整整半天，所有房屋都只剩断瓦残垣。在这场战斗中，日军被击毙五十六人，负伤一大批。联和乡民众抗日自卫团赖双百、赖继红等八人壮烈牺牲，村民在转移时亦伤亡十多人。

日军烧村后，对赖瑞琮的顽强抵抗仍记恨在心，寻思报复。在汉奸的告密下，赖瑞琮在前往博罗县城汇报工作的途中被日军逮捕，全家十几口人被残杀。1939 年 6 月 9 日，《申报》报道：“赖乡长本人被绑至敌人区域内，钉在十字架上，一块肉一块肉地割了三天才死。”

蒲芦氹村民的抗日行为，感动了增博两地群众，他们纷纷给“抗日英雄村”送来粮食和衣服，让村民渡过难关。后来，蒲芦氹村民在废墟上重建家园，继续和侵略者展开斗争，直至全国抗战胜利。

蒲芦丞村门楼

消灭日军五十六人获大捷

时间过去了七十多年，每每整理相关历史，博罗县政协文史委员会文史委员徐穗辉都对蒲芦丞村肃然起敬。徐穗辉认为，日军在大亚湾登陆仅三个月，蒲芦丞村就一举消灭日军五十六人，击伤一大批，别说凭一个小村庄的人了，即使是装备精良的正规部队，也能算是一场举世瞩目的胜利。蒲芦丞村的自卫队和民兵巧妙地利用山区地形地物，凭着自己熟悉地形的优势，取得了几乎 1∶3 的伟大胜利。蒲芦丞村民参与的这场福田联和保卫战，堪称是“一场彪炳史册的大捷”。

为了让村民铭记这段特殊的历史，该村村干部从 1983 年开始就多次向博罗县政府打报告，建议政府修建“蒲芦丞抗日英雄村”门楼，保护好蒲芦丞的革命遗迹和大力宣传英雄事迹。这些建议得到了政府的重视。

2002 年，博罗县革命老区建设促进会拨款重建了蒲芦丞小学、整理了相关史料；2008 年，博罗县人民政府在蒲芦丞村赖氏宗祠左侧，竖立了一块纪念碑。该纪念碑是博罗县二十六座用花岗岩镌刻的革命纪念碑之一。正面刻有碑文，题目为“抗日英雄村——蒲芦丞”，内文介绍了蒲芦丞村民 1939 年参与福田联和保卫战的英雄事迹。纪念碑旁还立着一块铭牌，写着“福田镇中小学生德育实践基地”。福田镇党员干部、青少年学生及部队官兵纷纷前来参观学习。

“从赖优丁开始，已有连续五任村主任（村民小组长）推进门楼修建之事，一直因经济条件受限未能如愿，现在在政府和村民的支持下，终于修建起来了。”蒲芦氹现任村民小组组长赖汉杨介绍，从2012年11月门楼开始动工修建，到2013年9月25日举行揭牌仪式，历时十个多月，几代蒲芦氹人的梦想终于实现了。

（本文发表于2015年6月24日，选自惠州文明网，有删节）

同仇敌忾抗侵略　浴血奋战保家园

——潮汕民间抗日组织痛击日军

文 / 杨群熙

抗日战争是中国历史上规模最大的反侵略战争，在长达十四年的时间里，中国人民同仇敌忾，不怕艰难困苦，不怕流血牺牲，浴血抗战，取得了最后胜利。在日军铁蹄肆虐潮汕期间，许多潮汕民众奋起抗敌，有的在中国共产党领导下进行游击战，有的自发组织队伍打击日伪军，涌现了不少可歌可泣的抗敌事迹。下面记叙的是五个较有代表性的潮汕民间抗日组织，是潮汕民众英勇抗击日军的缩影，他们奋不顾身抗击外来侵略者的大无畏精神，值得弘扬。

汕青抗游击队英勇抗敌

1939年6月21日汕头沦陷后，中共潮汕中心县委决定把从汕头撤至桑浦山的中共党员、汕头青年抗敌同志会战时工作队和金砂乡工农抗日自卫队成员等一百多人集结起来，组成中共潮汕地方组织领导下的汕头青抗会游击大队（简称“汕青抗游击队”）。同年7月7日，结合纪念全面抗战两周年，这支武装游击队在桑浦山宝云岩宣告成立，大队长罗林，副大队长冯志坚、黄玉屏，指导员卢叨。大队分设五个分队和一个侦察班，拥有长、短枪六十多支。翌日，汕青抗游击队分两路开赴前线抗敌。

从1939年秋至1940年春，汕青抗游击队不断取得抗击日伪军战斗的胜利。如1939年10月7日凌晨，游击队副大队长黄玉屏率侦察班和一些队员，身藏短枪，化装成赶集的农民，潜入潮州城南的云步市，准备活捉屡次到云步市侵扰民众的日军伍长加藤始助。与此同时，由游击队第一分队队长林克清和第三分队队长许英分别率领两小队游击战士，埋伏在云步市附近的东边村和羊头村，准备策应。是日上午9时，加藤始助到云步市饮食店吃喝“霸王酒菜”，当他吃得甚为快活时，副大队长黄玉屏使个眼色，游击战士立即冲上前抓住这个日军伍长，将其击昏带离了云步市。据点附近的日军闻讯后立即出动，妄图截击，但途中遭到埋伏的两支游击小队的夹击，只得狼狈逃窜返回。

汕青抗游击队夜袭潮安县阁洲村伪自警团，也是一场打得漂亮的战斗。阁洲伪自警团是汉奸许映石勾结日军，网罗一批流氓、土匪组成的，共有三十多人，配备不少武器，常在附近一带作恶，民众恨之入骨。汕青抗游击队在摸清敌情后，于1940年1月25日晚，由副大队长黄玉屏率领第一分队和侦察班，带着机枪和竹梯，悄悄潜至阁洲村正道祠伪自警团驻地，借助竹梯纷纷登上祠堂顶，架起机枪、拿起手榴弹向敌人猛烈射击和轰炸。睡梦里的敌人遭到突然袭击，争相逃命。游击队大队长罗林率领的第二、第三分队，也冲进正道祠配合夹击敌人。经过半个小时的战斗，游击队除击毙数名敌人外，还活捉了九名伪自警团团员。

汕青抗游击队连战皆捷，在广大民众中威信越来越高。虽至1940年4月，游击队在国民党顽固派发动“反共”摩擦的情况下被迫解散，但他们有力打击了侵略者的嚣张气焰，鼓舞了广大民众，其意义殊为深远。

潮安铁铺后备队连战皆捷

1943年12月8日，驻潮安县官塘的日军驱使大批民工，越过北溪，拆毁铁铺乡（今铁铺镇）石垢头村的民房和商店共一百六十多间，砍掉该村的果树数十亩，并残杀村民十多人。铁铺乡石垢头、坎下和坑巷等村民众对日军的暴行恨之入骨，他们在爱国人士陈英耀等的建议下，于翌年1月成立铁铺抗日后备队（简称“铺备”）。由三十多名青年农民组成的铺备共筹集枪支三十多支、子弹一千多发。不久，铺备队队员增至八十多名，按地域分三个分队。自1944年铺备成立后，数次抗击日军，连战皆捷。其中如1944年4月3日，十多名日军进犯石垢头村，铺备闻讯后，迅速集合，与日军进行巷战，战斗打得十分激烈。一阵激战之后，日军的轻机枪突然停止扫射，铺备队队员陈应捷发现日军在修理机枪，立即大喊：“敌人机枪坏啦！追呀！”其他队员闻声迅速追上去，日军惊慌失措，只好仓皇逃窜。

又如1944年中秋前夕，驻潮安官塘一带的三十名日军，偷袭铁铺乡尖崎山的国民党自卫团阵地。当晚，国民党自卫团撤退，尖崎山被日军占领。中秋节晚上，自卫团又组织反攻。翌日，驻官塘的日军中队长安藤率领一队日军，妄图支援在尖崎山作战的日军。铺备获得情报后，事先在尖崎山西南面山边设伏，当安藤率领的日军行至山边时，铺备队员一齐冲出杀敌，当地民众也密切配合。经过一个多小时的激烈战斗，击毙日军中队长安藤及其率领的日军共十一名。

饶平钱东抗日自卫队杀敌保家园

1943年11月，澄海樟东和饶平隆都（今属澄海区）沦陷以后，日军企图把魔爪伸进饶平钱东一带。当时钱东的爱国人士沈英名、郑志澄认为：“若不急谋自力更生，不实行发动民众武装抗敌，则不得保证安全。”1944年1月，钱东民众抗敌委员会成立，并建立钱东抗日自卫中队。接着，钱东的沈厝、仙洲、灰寨、上浮山、下浮山、紫云、塔护、钱塘、西港等村，陆续组成抗日自卫队。他们互相配合、支援，连续击败进犯的日伪军，其中较大的战斗有四次。如1944年10月28日，一百多名日伪军进犯钱东的仙洲、塔护两村。钱东的抗日自卫队迅速集结起来，在孟臣堤与日伪军激烈战斗，击毙日伪军数名，日伪军只好狼狈逃跑。

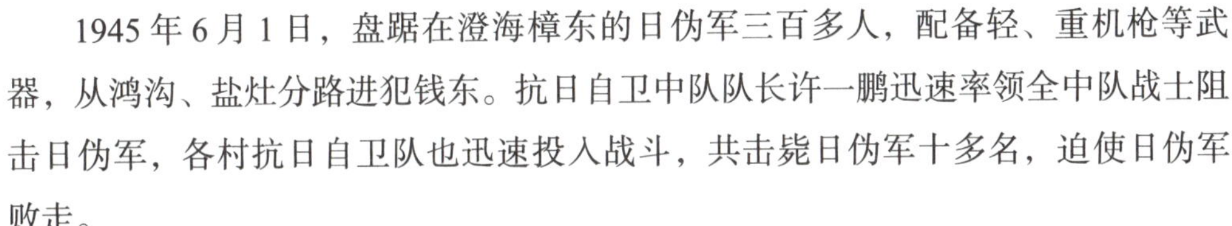

1945年6月1日，盘踞在澄海樟东的日伪军三百多人，配备轻、重机枪等武器，从鸿沟、盐灶分路进犯钱东。抗日自卫中队队长许一鹏迅速率领全中队战士阻击日伪军，各村抗日自卫队也迅速投入战斗，共击毙日伪军十多名，迫使日伪军败走。

揭阳集结队德桥痛击日军

揭阳集结队又称“揭阳抗日自卫队”，是1944年由各乡抗日联防队集合组成的。由爱国人士王振民担任大队长，下分三个中队，分布在揭阳南塘山至德桥陈村，隔德桥溪与日军对峙。同年5月的一天，一小队日伪军渡过德桥溪，在溪东面渡口守卫的集结队员见状立即开枪射击，六名冲上岸的敌军均被歼灭，其余日伪军狼狈逃去。其后不久，日军又在揭阳城西门外盘俑、棉树等村强抓民夫、掠抢小船，准备偷袭德桥村。集结队得到情报后，立即派队员于天黑后潜入德桥村选择好伏击地点。当敌船在偏僻地点下水划至德桥溪中央时，突然一声枪响，集结队战士一齐开火，打得敌人哇哇乱叫。有的敌船因摇晃而翻沉，不少敌人落水毙命，剩下的敌军仓皇逃去。这一战共歼灭日伪军二十多名。

潮阳西胪自卫队围歼日军

1943年1月，日军占领潮阳桑田后，为打通至揭阳一线，多次出动兵力掳掠桑田至关埠一带村寨，西胪首当其冲。西胪民众组建起抗日自卫中队，由陈邦宪担任中队长，下分三个小队，共有队员一百三十多人，配备轻机枪两挺、步枪一百多支。他们连续抗击来犯的日伪军，打响大小战斗共十多次。

1944年5月15日，日军中队长永芳敖幸集结驻潮阳的日伪军数百人，分两路侵犯西胪。其中一路日军共四十九人由永芳敖幸率领，由陆路进犯；另一路伪军由伪军大队长蓝晓东率领，从水路出发，妄图配合日军占领西胪。战斗打响，日军凭借火力优势冲入西胪。西胪自卫队和广大民众与日军进行激烈巷战。当时，西胪到处是枪声、刀击声和民众“打倭寇，杀鬼子”的喊杀声。由于日军对地形陌生，又得不到伪军的接应，节节败退，被自卫队紧追逼进老围水深泥湿的“塭田”之中。

足穿皮鞋的日军，陷入“塭田”烂泥中不能自拔，狼狈不堪。而他们迫切等待接应的伪军，又因受凤山自卫队的堵截而寸步不能前进。当伪军知道日军被包围在“塭田”时，立即抱头鼠窜。日军被包围在“塭田”，枪支、手榴弹等武器均被泥水浸透，火力无法发挥。至次日拂晓时，凤山自卫队赶上海堤，束紧了对日军的包围圈。是日10时许，日军有的中弹毙命，有的绝望自杀。到下午1时，侵犯西胪的日军，包括中队长永芳敖幸及其他日军共四十九人全被歼灭。这一仗大大鼓舞了潮汕民众抗击日军的信心。

（本文选自《汕头特区晚报》）

玉环南山民众抗日记事：打日军，咱台州自卫队三战三捷

口述 / 张盛仕　整理 / 张悟新

抗日战争时期，玉环县（今玉环市）桐丽乡（今沙门镇）有支民众自卫队，约有四十人。桐丽乡乡长张盛仕先生（1907—1989）是这支队伍的指挥，张子坦先生（1897—1951）为教练。

南山，西连安人、灵门，东连大园头、箬岙，南面与披山岛隔海相望。在那兵荒马乱的年代，村里时常遭到海盗袭击，为保一乡平安，南山村的民众自发组织了这支队伍。他们自筹资金购买了套洞、汉阳造、土快五等武器装备。

1943 年 9 月，日军侵占披山岛，南山一带遭到日军威胁，这支队伍担负起抗日保家乡的重任。

为国练兵

张盛仕家墙院风水墙外约有一千平方米的晒谷场，这里曾是自卫队现成的教练场。队员们农忙劳动，农闲练兵，风雨无阻，每天天刚蒙蒙亮就在这里集合，排成四路纵队，在张子坦的口令下步伐整齐地操练。步伐操练之后就是卧倒、爬起、匍匐前进、举枪瞄准、刺刀拼杀……炎夏是这样，寒冬也是这样。皓月当空的夜晚，也是他们练兵的好时机。

张子坦教练重于实践，他做了一个桐丽乡地形沙盘，教队员们如何利用地形地物。自卫队有三个班，张孙达是其中一个班的班长。有一次张子坦对班长进行沙盘考试，问张孙达：“要是敌人从后门山上来，我们被包围了，你这个班怎么办？”张孙达回答：“以一个组对付敌人主力，在敌人接近时，用手榴弹消灭他们。其他几组抢占最高山顶，居高临下，找准目标，狠狠地打，充分发挥地形优势，寸土不让。”

张子坦带兵上操场，除了喊“立正”“稍息”，大家还齐喊“卫国保家乡”。队员们个个年轻力壮，腰缠子弹带，肩扛大枪，正步操练在晒谷场上，十分威武。教练“一二一”的口令声，“卫国保家乡”的雄壮喊声，响彻晒谷场上空。南山成了桐丽乡的抗日基地。

首战灵门

1945 年元旦过后，披山岛上的日军船艇加紧对南山的侦察，日军袭击南山的风声一天紧似一天。村里的自卫队日夜备战，从正月二十起全村疏散，家家户户有亲投亲，有友投友。果真，日军真的来了。正月二十六下午 3 时左右，正涨潮时，灵门村有几个村民发现西南方向的海面上，有两艘可疑木帆船，偷偷尾随一艘捕虾小船向灵门驶来。这几个村民是老渔民，熟知海上动静，料定这两艘木帆船来路有问题，急忙回村报告。十多名自卫队队员闻讯后，在班长陈岳明的带领下立即向上灵门的下跳咀跑去，埋伏在山顶。同时派一名队员向乡长报告。这时，两艘木帆船已经驶近，有个自卫队队员试探性地放了一枪，日军在船上立即用轻机枪还击。张盛仕乡长听到枪声，当即召集安人、南山两村自卫队队员二十多名，快步冲上灵门岭头，正好与报信的人相遇。这时，日军正向下跳咀疯狂扫射，敌船离滩头还有两百多米，自卫队这二十多名队员对敌船猛烈射击。日军遭到阻击，遂用炮火向上跳咀轰击，妄图强行登陆。如果日军登陆，不仅下跳咀十多名自卫队队员处境艰险，全村五百多人的生命财产都要遭殃。张盛仕当机立断，命令大家集中火力压住日军，不让他们前进一步。射击手张孙达、张子佩、陈岳明、张孝宗等冒着敌人的弹雨，奋不顾身地还击。日军狗急跳墙，仍冒死前进。这时，站在山上的灵门的一位渔民高喊：“盛仕乡长，向撑船老大打！”张盛仕猛醒，立即举枪瞄准撑船老大，一弹击中他右手。船老大丢下了船舵，躲进舱里。无人驾驶的木帆船飘飘荡荡逃了回去，另一只帆船受到自卫队左右夹攻，也跟着逃跑了。

击退了日军的第一次进犯，下跳咀、上跳咀的自卫队队员胜利会师了，村民们赞扬自卫队打得好，打得准。

鏖战南山

日军不甘心在灵门的失败，当日（正月二十六）夜空漆黑，伸手不见五指，日军于下半夜分乘两艘小舢板从箬岙村山头坑悄悄登陆。天色未明时被住在山头坑山顶的山头根（外号“山头麻人”）发现。山头根心急忙慌地跑到南山报信，说日军已朝南山方向扑来。张盛仕、张子坦立即率张孙达班、章宪寿班，共二十多人，快速跑上后门山的风车斗，占领最高山岗埋伏起来。此时，张盛仕令善于匍匐隐蔽的章昌士绕到山顶麦地里埋伏观察敌情。章昌士回来报告，日军一个排的兵力，配有小钢炮、机枪，从小地里角向南山走来，在黄泥岭插上了太阳旗。张盛仕听了这一

情况，果断决定，在敌强我弱的情况下，一定要避开敌人的正面火力，自己带一个班埋伏到东侧山岗，张子坦带一个班埋伏到西侧山岗，将敌人围住，形成火力夹击。天亮了，敌人发现了自卫队，立即发起了冲锋。自卫队沉着应战，配合默契，当敌人冲上山坡离自卫队不到一百米时，两个班一排排的火力从两侧猛烈地射击，打死、打伤了几个敌人，把敌人气焰压了下去。敌人一下子乱了阵脚，后退到山脚下。不久，敌人重新组织了力量，向自卫队发起第二次冲锋，先是用炮火向我阵地轰击，岩石被炮火打得四处飞溅。有一颗炮弹在章昌士原来站的地方爆炸，地坎被炸塌，幸好章昌士毫发未损。张子佩埋伏在地坎下，不料一块飞石击中头顶，脑浆流出，当场牺牲。在他旁边的张孝康也被一块小石片击中，头顶鲜血直流。章宪寿臀部、腰部各中一弹。张孝康怒火中烧，他轻伤不下火线，紧握手中枪狠狠向敌人射击，敌人的回击也很猛烈，顿时烽火连天。自卫队坚守阵地，稳若泰山，当敌人接近自卫队时，找准目标，弹无虚发，敌排长被击倒了，打死了一个班长，又打死打伤几个士兵。日军没有摸清自卫队的底细，带着死伤的日本兵，匆匆撤退。这场激烈的战斗打了半个多小时。

“我们胜利了，疏散在外的村民陆续回来。我和大人们一样，一回到家，就和几个同伴去村东头看望阵亡的张子佩，也去参观战斗现场。我们沿着坑坑洼洼、荆棘丛生的山道到了目的地，山头、山坡、山脚，满眼是弹壳和碎石，麦地里有许多弹坑，许多麦苗被炮火烧焦了，地坎被炸塌了，有几棵树的树枝也被炮弹打断。不知谁编了几句顺口溜：‘自卫队员是天兵，土快五打败小日本；小日本看你往哪跑，南山人叫你灭亡。’”张盛仕说道。

第三天，桐丽乡为张子佩举行追悼大会。玉环县县长以定邦从芳杜乡樟岙赶来参加张子佩的葬礼，脚穿草鞋亲自主持追悼大会，亲题挽幛，赠送匾额；张盛仕代表乡公所赠匾。出席追悼会的有楚门各界人士、士兵、学生、教师等五百多人。

再战灵门

农历四月十四，黎明之前，日军三十二人偷偷在灵门登陆。邻村安人的一个农民听说日军从灵门上岸，他去探个虚实，不料在半路上被日军发现，肩膀中了一弹，他忍痛跑到南山报信。张盛仕、张子坦接到报告后，立即集合队伍，一边带队伍去抢占灵门后山，一边派人分别到芳杜向以定邦县长和岙环保安队报告，要求支援。自卫队有三十多人，向安人灯盏坞山岗进发，到了山上，发现与日军距离太远，无法射击。张盛仕命令张岳明、张孝宗、张孙达三名射击手翻越到灵门后山，与日军距离拉到三百米。其余的人由张子坦带领在灯盏坞山岗埋伏接应，防止日军切断后路。自卫队在山上看到日军正在抓人，将抢来的粮食等强迫渔民搬运到滩头，还掳去四个年轻姑娘。大家看在眼里，恨在心里，一颗颗复仇子弹射向日军。日军发现后山被自卫队占领，立即派出九人冲上山来，妄想抢占阵地。自卫队奋起还击，打得这几个日本兵连滚带爬，进退不得，只好隐蔽在一棵桑树下。后又有一人被自卫队击伤，这九个日本兵只好爬下山去。灯盏坞山岗上的自卫队队员乘胜冲下山来。这时，岙环保安队也从灵门后塘赶过来。日军受到三面夹击，来不及搬运抢来的东西，就仓皇上船逃走了。被丢弃的九个日本兵赶到滩头，只好跳海泅水逃回船上。自卫队冲到滩头，向敌船猛烈射击。日军抵挡不住，只好挂起棉被作掩体来抵挡，最后夹着尾巴逃走了。这次，自卫队无一伤亡，保安队一班长阵亡。

当天下午，以定邦县长带着一队人马赶到桐丽乡，表扬自卫队英勇抗日。后来，县政府将此事上报，张盛仕得到传令嘉奖。以定邦县长亲自送来两块匾额："众志成城""光荣乡里"。

（本文选自《台州晚报》）

合水口乡农民武装自卫队的成长过程

口述/刘连金　整理/李瑞莫

图为抗战开始至解放战争结束时期我游击队活动中心——合水口里全村鸟瞰图

1938年10月，中山县（今中山市）抗先队按照党关于“要深入农村，发动群众，开展抗日斗争”的指示，派谭桂明带队到合水口乡宣传抗日救亡活动。合水口乡爱国青年刘连金、凌火坤、凌锡麟、凌记成、甘清、甘钊等参加了抗先队，编为中山县抗先第十七分队。后来，刘连金还参加了抗先宣传队，到四乡向群众宣传抗日救亡道理。1939年7月，日军轰炸横门、张家边一带，刘连金与抗先队队员一起奔赴横门抢救伤病员，直至抗先队被解散，他才回到家乡务农。

1940年3月上旬，日军从唐家登陆侵占中山后，社会秩序大乱，日军、伪军、土匪、恶霸横行乡市，民不聊生。合水口乡归侨刘震球（刘连金的堂兄）及凌子云、刘连金等出于自卫，组织起武装自卫队，队员有二十多人，队长由刘震球担任，副队长是刘连金。为了保卫家乡，他们全部义务参加活动：日间放哨，如发现日军入村，马上通知乡亲疏散；发现土匪来抢掠财物，就发动村民抗匪。夜间则巡逻放哨，保卫家乡治安。一次，村民甘容生在外参加了“卢堂”土匪组织，带领土匪来乡抢劫，逼其父亲交钱交枪。其叔甘钊印到自卫队报告，武装自卫队立即派人将甘容生擒拿惩办。

1940 年某月，土匪到合水口乡流连村劫走甘木根家的一批财物，准备逃遁。武装自卫队闻讯后，立即赶去截击土匪，打得他们狼狈逃命。合水口乡农民有了自己的武装保卫，乡亲安心生产后，当年红薯大丰收，邻近村人都到该乡买红薯度荒充饥，称赞合水口自卫队也帮助了他们。

1941 年，伪四十三师驻扎南荫安定后，欺压群众更甚。合水口乡是位于南荫圩北面的山村，每逢圩日，乡民必肩挑柴草、瓜菜、番薯到圩上摆卖，再买回咸鱼、油盐以维持生计。但敌伪的巡逻队，每每以收地摊税为名进行勒索，乡民卖一担瓜菜的钱被剥得所剩无几，敢怒不敢言。义愤填膺的刘连金、刘震球等六人，自动组织抗日锄奸团，到南荫圩侦察日伪巡逻队的行踪规律。一日，抗日锄奸团发现敌伪巡逻队员黄某在南荫圩福隆栈对面勒索地摊税时，给予严惩，还在圩上张贴海报警告敌人。隔了一段时间，锄奸团又在南荫圩尾活捉了一个伪军收税员给予惩处。他们的行动大挫了敌人的嚣张气焰，从此伪四十三师的巡逻队再也不敢在圩上勒索地摊税了。合水口乡农民组织武装自卫队的经验，启发了邻近的村庄。随后，白企、石门等村也相继组织起自己的武装队伍。同年，刘震球、凌子云去“挺三”领了一个番号回来，名称是“挺三特务第三中队”，刘震球担任队长。

1941 年，党派刘志光（即邓振民）到合水口小学教书。他利用晚上课余时间接近武装自卫队队员，与青年谈形势，教唱革命歌曲，从中发展刘连金同志为共产党员，继而又发展了刘梅、刘官福入党。

1942 年，共产党领导的抗日武装队伍开到五桂山区来，先遣队初时驻在石门老虎窝。刘震球接受了党的领导，把挺三特务第三中队改名为基干队中队，他仍担任中队长，中队副队长由党派来的刘南担任，刘连金仍当小队长。不久，党派刘连金去石门老虎窝参加军事训练班，学习半年军事知识后，被派往黄茅坪协助当地农民成立武装自卫队。基干队不断扩大，人多了便分为基干队和集结队。集结队队长刘震球，副队长甘汉英。

1944 年 1 月 3 日，中山人民抗日义勇大队成立，基干队改名为孔雀队中队，直属义勇大队领导，配备了一挺机枪。该队的任务，平时长驻合水口，保卫政权机构

（当时联乡办事处设在合水口乡，办事处的正副主任分别为刘震球和凌子云）；战时配合主力牵制、阻击来犯敌人。集结队长驻尉墩，平时放哨瞭望，监视敌人动向，保卫生产；战时负责疏散乡民，截击退却的敌人；主力出击攻打日伪汉奸时，则派员随队，负责担架和运送物资。

中山抗日义勇大队改为珠江纵队第一支队，办事处就设在合水口这间民房里。

1944 年 1 月 3 日，日伪调集近万人，分十路进攻五桂山区。孔雀队接到情报后，天未亮即由郭大同、刘南带领，先登制高点蜈蚣地（山名）。等日军进村时，一边应战，一边退出山区，把队伍拉出贝头外村，全歼驻在贝头外一个小村庄的保安队，缴获了他们的枪支弹药。另一边，刘震球、甘汉英领导的集结队，则拉到合水口村外的树林埋伏，白天截击到南荫买粮菜的敌人，使驻合水口的敌人因买不到粮菜，而饿肚子；晚上返村在敌人的驻地周围，在铁筒里放鞭炮模拟机枪声，集体大声喊话，搅得敌人胆战心惊。集结队还在合水口妇女会和青年配合下，抓了一个伪军，教育后把他放回去叫嚷“游击队来啦”以扰乱敌人。后来敌伪把刘震球的住屋及附近几间华侨大屋放火烧了，于黄昏时分，匆忙撤出合水口。我队就是这样牵制敌人，使敌人首尾不能兼顾。敌人原想用半个多月“扫荡”山区，妄图全歼我主力，结果仅盘踞了三天便以失败而告终。

1944 年 4 月，日军采用远道奔袭战术，妄图攻击我主力部队。当天东方刚白，六十名日军取道村背后小路上山，直扑大寮、石莹桥。孔雀队发现进犯之敌后，赶忙登上制高点，监视敌人活动。敌人用机枪、掷弹筒向孔雀队开火。我队立即迎头反击，从早上打到下午 2 点下大雨时，敌人才收兵下山。这次战斗，孔雀队以十二位战士阻击六十个来犯之敌，战斗了八个小时，虽牺牲了两名战士，三名同志受了伤，但有力地牵制了敌人，保护了主力。

孔雀队休整后，补充、扩大了队伍，并改名为猛虎队，后又改名为蛟龙队。

1945 年 6 月，石门武装自卫队抓了一个日本翻译，押在合水口乡甘土生家。领导同志对他进行教育，劝其投诚后予以释放。岂料这个汉奸回去后第二天就带日军来围攻合水口乡。这时蛟龙队毫无战斗准备，战士们唯有掩蔽在大塘山的杂草葫林丛中。日军手持刺刀，向葫林乱捅乱刺。怕死鬼甘棠从葫林爬出来向敌人投降，并用手势示意敌人放火。熊熊的烈火，烧遍大塘山头，但战士的铁骨丹心是烧不着的，他们宁死不屈。大火烧了几个小时，日敌一无所得，无奈只得退却。这一次战斗，我们的十三位抗日勇士抱着枪杆长眠在烈火中。

野火烧不尽，春风吹又生。长眠的民族英雄，千秋万代为人敬仰。勇士倒下去，又有后来人，蛟龙队补充上新血液后，又冲锋向前。后来奉命北赴烟台，打国民党去了。

（本文选自中山政协网）

鲜为人知的城步苗乡抗日活动

文 / 雷学业

在日军兵临城步的危急关头，城步各族人民同仇敌忾，团结抗敌。全县组织了民众抗日自卫团，各乡设常备枪兵班，十八岁至四十五岁的男子全部武装上阵，很多在外工作的爱国人士也纷纷返回家乡，组织和领导抗日斗争。如担任王耀武将军机要室主任的钟晓郁，自告奋勇回乡担任城步县县长兼县民众抗日自卫团司令，以他娴熟的军事知识指挥全县抗战活动，积极协调军民关系，全面组织军需供应，广泛发动群众支援前线，指挥民众抗日自卫团清剿残敌，组织战后恢复工作。又如该县在陆军军官学校第二分校任上校教官的李擎化，得知城步告急的消息后，请假回乡担任县民众抗日自卫团副司令，配合国军开展抗日斗争，先后击毙、击伤和捕获敌人数十人。时任国民党湖南中央日报社社长的段梦晖也主动向设在武冈的陆军军官学校第二分校借步枪二十五支，弹药两千五百发，送给安仁乡抗日自卫分队用以抗日。

威溪、大古一带的城步人民，因为遭到日军的掳夺，对日军咬牙切齿，自发拿起扁担、锄头，有的甚至赤手空拳，同日军进行殊死搏斗。1945 年 4 月 27 日，在武阳一带受阻的日军第五十八旅团猛攻武冈城，被国军第五十八师击退，多股被打散的日军残兵，陆续退往城步的花桥、威溪，后原路折返新宁驻地。一日，一队日军残兵约六十人，仓皇逃到城步碧云乡的石山、山口团，自神门口蹿入松柏油岭中，在陡竹山竹林里迷了路。被日军抓来的当地向导故意将他们带到白果岭深山密林中，向导伺机逃脱。日军晕头转向了大半天才翻过山，来到牛角水、黑石头，烧杀抢掳，坏事干绝。当地群众高举扁担、锄头奋勇还击。后来在闻讯赶到的县民众抗日自卫团勇猛追杀下，敌人狼狈逃出县内。

5 月初，十个被打散的日本士兵从武冈潜入威溪，欲返回新宁大本营。他们隐藏在桂花园南槽湾山中，当地群众发现后立即报告乡公所，乡公所迅速向县政府报告。县民众抗日自卫队副司令李擎化率领两个中队，连夜赶到桂花园进行围剿，激战一天一夜。日军困兽犹斗，拒不缴枪投降，日军一名军官被击毙，我方一死两伤。为有效减少伤亡，自卫队决定放火烧敌，结果烧死敌军八人，缴获手枪一支、步枪八支、轻机枪一挺。一名日本士兵化装脱逃，在白沙村与农民武术师张如兰相撞。张见其神色可疑，呼叫不答话，判定其是日本士兵，便立马回身追上将其一把抱住。那日本士兵挣不开，便将别在腰间的一枚手榴弹拉开导火索，丢在脚下，欲同归于尽，却被张一脚将手榴弹踢下河去。这时，两个放排的农民举着斧头过来助阵，并将日本士兵押送到乡公所，从其身上搜出红绸一块，上书“天皇钦封少尉”字样。张如兰受到县政府嘉奖。

（本文选自苗族文化网）

抗战时期的南乐县基干大队

文 / 李培印

南乐县位于河南、河北、山东三省的接合处，南邻清丰，北靠河北省大名县，东连鲁西，西接豫北，在冀鲁豫边区抗日根据地占有重要位置。南乐县基干大队（简称“县大队”）是中共南乐县委和县政府于 1941 年 7 月组建的一支地方抗日武装，1945 年 6 月编入八路军正规部队。县大队在县委领导下，坚持敌后游击战争，打击敌人，保护人民。其英勇斗争事迹，被边区人民传为佳话。

临危受命，组建基干大队

1940 年春，随着冀南、冀鲁豫八路军反顽讨逆作战的不断胜利，南乐县县长同国民党濮阳专员丁树本一起南逃，顽固派控制的南乐县国民党政权解体。4 月，中共南乐县委建立起抗日民主政府，将全县划分为六个区并建立区级政权机构。从此，南乐开始在共产党领导下开展游击战争，创建抗日根据地。

1940 年农历五月初五，日军对沙区进行“大扫荡”，占领濮阳、清丰、南乐、内黄、滑县、东明、长垣等县城。敌人占据南乐后，修建南（南）清（丰）大（名）公路，挖南清大封锁沟，设炮楼据点十四处，对南乐实行分割控制，致使南乐的抗日工作在联系上极为不便。地委遂将县西的两个区划归卫河县，南乐县辖东部四个区。

根据斗争形势的需要，原在县内活动的青年营、独立团两支地方武装（共计一千余人），奉命升级为正规军和分区基干团。1941 年 7 月，县委、县政府成立了南乐县基干大队，共二百五十人，建制为三个中队。县长刘镜西兼任大队长，县委书记唐晓声兼任政委，军分区派红军干部文光德任副大队长，姚培善任副政委。各区也都相继建立了区基干中队。

县大队战士虽然多系农民，但他们大都是抗日救亡的积极分子，具有较高的政

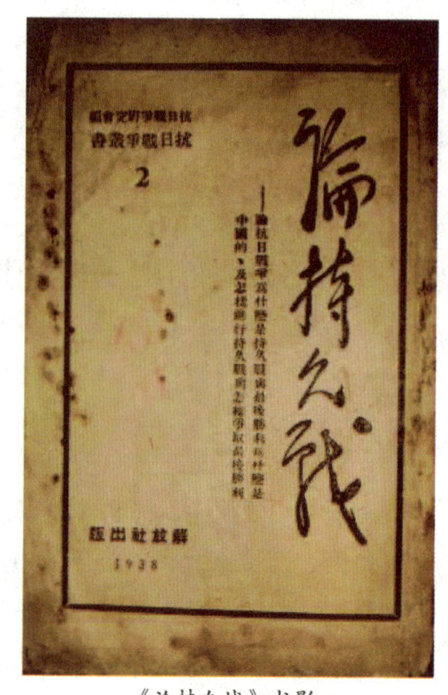

《论持久战》书影

治觉悟。县委和县政府的领导同志对县大队的成长非常关心。他们经常运用毛主席的《论持久战》等著作中的内容，对干部战士进行思想政治教育，使他们坚定抗战到底的决心和抗战必胜的信心。文光德是一位优秀的红军指挥员，他把红军的光荣传统和优良作风带到了县大队。县大队所到之处，严格执行“三大纪律、八项注意”，深得群众的拥护和支持。秋末，县大队参加军分区在南乐县耿村开展的大练兵，在政治素质和军事素质方面得到迅速提高。县委和县政府以县大队为支柱，在县东二、三区建立了根据地，与濮（县）范（县）观（城）根据地连成一片。冀鲁豫军区、行署的一些后方机关也曾设于此地。

县大队带领南乐民众开展了反“蚕食”、反“扫荡”的运动。县大队和群众夜间出动，破坏公路、平封锁沟、割电线。参加人数有时四五百人，多时达一两千人。敌人在南乐与龙王庙之间的崇疃炮楼快要建成时，县大队战士趁夜晚越过封锁沟，将炮楼拆掉，粉碎了敌人的阴谋。

敌人为向南乐县东部推进，在县城附近的吴家屯设置据点。1941 年冬，县大队配合分区基干团攻打吴家屯据点，战斗的第二天早晨，敌人从县城出动两百余名步骑兵增援，行至李家屯村西，被分区基干团击退。下午 4 时，敌人又组织两百余名步兵从魏家窑方向增援，却被埋伏在这里的县大队打回县城。给敌人以严重打击后，分区基干团和县大队主动撤出战斗。

几天后，县大队得到情报，有股顽军窜到县城附近的魏家窑。为防止这股敌人进县城投靠日军，县大队和分区基干团当晚将其包围缴械，俘虏三十余人，获机枪两挺、步枪十余支。

坚持斗争，度过最困难时期

1941 年底，日本挑起太平洋战争，为把中国变为它扩大侵略战争的后方基地，集中兵力加紧对华北抗日根据地的进攻。南乐和华北其他抗日根据地一样，处于最困难的时期。

1942 年 4 月 3 日，敌第一混成旅团三千余人及伪军一部，以南乐千口为合击

点，分别对南乐、清丰东部、观城西北地区大举“合围扫荡”。五分区机关和特务连、教导队受敌包围，与敌激战后胜利突围，但军区工厂、医院等受到严重损失。南乐党政机关在县大队和群众的掩护下冲出包围圈。5 月 30 日，南乐、清丰、大名之敌又纠集五千余人，对南乐二、三区进行“扫荡”。日军在县东的韩张、千口、东节村等地建立据点，修建南乐至东节村的东西公路和刘吕村至柴庄的南北公路，并大量构筑炮楼、开挖封锁沟。他们在南乐县内，建炮楼据点四十八处，修公路两百多千米，挖封锁沟一百多千米。县城及周围还驻扎着上千人的伪警备大队和伪东亚同盟自治军一个旅。南乐县东由根据地变为敌占区和游击区。敌人铁蹄所至，奸淫烧杀，无恶不作。柴庄炮楼的敌人为扫除炮楼附近的障碍，将柴庄焚烧一空，枪杀群众十二人。同时，敌人还在占领区建立伪政权，实行保甲制，以加强统治。

面对日益恶化的形势，县大队还能不能坚持斗争，怎样坚持斗争？这是迫切需要解决的问题。在此关键时刻，县委在才丈村召开党政军干部会议，对形势作了客观的分析，统一思想认识。最后决定：一是就地坚持斗争，做到县不离县（即县的干部不离本县），区不离区（即区的干部不脱离区的范围）；二是加强武装，动员村干、民兵参加县大队或区队；三是将县区干部和县大队、区队组成若干武工队，采取小部队活动。会后，武工队坚持白天分散隐蔽，夜间集中起来统一行动，出其不意地打击敌人，并对伪村长、联络员训话，约法三章。与此同时，县委加强对群众的宣传教育，坚定抗战必胜的信心。

为加强防范，县大队帮助张庄集等六村群众建立联防区。联防区位于南乐县东南，紧靠濮范观根据地。实行武装联防，不仅对南乐抗日政权及武装在恶劣的环境下能够坚持下来起着重要作用，而且对巩固大块根据地也具有积极的意义。联防区组织了三百五十名民兵成立联防大队，各村都加修围寨、挖掘护村沟、制定联防公约。他们在分区部队和县大队的配合支持下，打退了敌人的多次进攻。这是南乐唯一未被敌人占领过的一块净土。当时，南乐的党政机关在这里办公，抗日物资存放在这里，县大队休整也在这里。

1942 年 7 月，驻东节村据点的敌人为加高炮楼到周围各村抓夫派差。东节村党支部及时将情报告知联防区负责人刘镜西，并提出趁机拔掉日军炮楼。东节村据点设在南乐与鲁西朝城的接壤处，公路两旁建有两座炮楼，南炮楼驻日军，北炮楼驻伪军。敌人盘踞于此，不仅限制了南乐二、三区的联系，威胁着联防区，而且还可以窥视朝城县。县委、县政府、县大队负责同志经过认真研究后，统一部署行动。县大队排长潘树林带领一个班，和东节村民兵一起巧扮民夫混入据点。开工的前两天，敌人处于高度戒备状态，接连几天没有发现可疑迹象，便放松了对民夫的监视，不再荷枪实弹，放松戒备。东节村党支部趁机派人与炮楼内的伙夫建立了联系。县大队领导同志考虑到时机成熟，决定采取行动。

7 月 12 日，县大队一部埋伏在大清集一带，准备截击千口增援之敌，一部埋伏在东节村南面的芦苇坑内，以待战斗打响后出击。战斗当天，进入据点的战士和民兵同往常一样干活。上午，一名日本士兵在炮楼顶上站岗，六七个日本士兵赤手在外边催工。这时，几名战士和民兵刘六民等，在伙夫的配合下，趁敌不备，从伙房取出菜刀，进入炮楼，闩上楼门，将正在睡觉的两名日本士兵的头颅砍下，又把楼顶上监工的一名日本士兵推下炮楼。下边的日军有的被县大队战士击毙，有的被民兵、群众用铁锨、锄头打死。当战士、民兵从炮楼内取武器、弹药时，对面炮楼的伪军齐向这里射击。县大队战士操起刚缴获的日军机枪给予猛烈还击，并放火烧了炮楼。这次战斗，前后进行了半个小时，打死日军九人，缴获机枪一挺、步枪七支、手枪一支。县大队和民兵拔掉这个炮楼，打击了敌人的气焰。冀鲁豫军区首长杨得志、苏振华传令嘉奖：“你们英勇杀敌的壮举，轰动了边区，震撼了华北。”

7 月 30 日，敌人气急败坏地对东节村进行野蛮报复，枪杀、活埋群众七十余人。其中县大队排长潘树林的母亲，也被敌人从佛善村抓到东节村活埋。然而，东节村的群众和县大队战士，并没有被敌人的血腥暴行所吓倒，他们依然同敌人进行顽强斗争。

1942 年下半年，南乐久旱不雨，秋季粮食绝收，加之敌人的疯狂抢掠，天灾人祸相伴而行，造成历史上罕见的大灾荒。这次灾荒一直持续到 1943 年。荒情严重时，普通农民几乎吃不到粮食，以米糠、野菜、树皮充饥，许多人典卖土地、房屋，逃往他乡，卖儿卖女、妻离子散者不计其数，全县饿死一万七千余人。

在生活十分艰苦的情况下，县大队配合县政府积极进行救灾工作，一方面帮助群众生产自救，一方面打击抢粮的日伪军。南乐县大队还与清丰县大队、分区武工队共同开展反封锁斗争，迫使日伪军放弃了南（乐）清（丰）观（城）朝（城）封锁线，使上级从濮范观中心区筹措的四百余万斤救济粮得以运往灾区。

恢复生产，支援抗战前线

1943 年开始，国际反法西斯战争和中国抗日战争形势发生了根本变化。敌后各抗日根据地已度过了严重困难时期，开始恢复和发展。乘此有利的形势，南乐县大队坚决执行“敌进我进”的方针，深入敌后，采取多种形式主动灵活地打击敌人。

县城以南至南清店，有三座炮楼，分布在三里庄、樊庄、袁庄，严密控制着从县城南下的公路线。县大队决心虎口拔牙，除掉这三颗钉子。县长刘镜西首先利用亲戚关系，做通了樊庄炮楼内伪军马双喜的工作，以做内应。1943 年初的一个深夜，县大队逼近樊庄炮楼，与马双喜对上暗号。马双喜放下吊桥，县大队排长潘树林带领几十名战士随马双喜进入炮楼。这时，炮楼内除一个伪军小队长在油灯下看书外，其他伪军都在睡觉。伪小队长发现有人进来，伸手就摸身边的手枪。但未等他摸到手枪，潘树林的刺刀已落到了他的头上。正在睡觉的三十多名伪军，被县大队战士“不许动”的喊声惊醒。他们一看县大队打进来，吓得连忙举手投降。接着，县大队兵分两路，利用被俘的伪军，让袁庄、三里庄炮楼的哨兵放吊桥，将这两个炮楼的伪军全部缴械俘虏。

3 月，清丰仙庄据点的一百余名日伪军到大吉村抢掠。县大队在刘镜西、文光德的指挥下，利用有利地形，在敌人回仙庄的途中予以伏击。南进支队十六团的一个连闻讯后，也急速赶到，配合县大队作战，给敌以两面夹击，毙伤日军二十余人，俘虏四人。

5 月，县大队在吉干村同一股伪军发生遭遇战，由于时间拖得过长，遭到周围据点敌人的“合围”。经激战，县大队战士大部突围，但伤亡三十余人，部队遭受严重损失。战斗结束后，县大队在文光德的带领下在联防区进行整顿。干部战士认真总结经验教训，进一步学习游击战的战略战术。县委、县政府及时为县大队补充了兵员。县长刘镜西召开全县参议士绅会，多方筹款为县大队购买机枪，以加强装备。

这期间，敌人以为县大队已被打垮，非常猖狂，大小据点的敌人进村骚扰的次数明显增多。尤其是县城的伪警备大队八中队，更是肆无忌惮，经常到城北一带抓人抢粮。

6 月，文光德带领县大队一个中队隐蔽在城北的官庄村，决心抓住时机，出奇制胜，给伪八中队以致命打击。一天上午，侦察员向文光德报告说，敌人已出县城北门，向宋谷金楼方向来了。文光德集合部队迅速赶到宋谷金楼，埋伏在村西头的两家院子里。当敌人由阎李谷金楼行至宋谷金楼村边时，文光德一声令下，县大队战士迅猛出击，打得敌人措手不及，一举消灭了作恶多端的伪八中队，俘虏三十余人。这次战斗的胜利，鼓舞了士气，震慑了敌人。同月，吴家屯、夏庄两个炮楼的敌人到韩固町抢粮数千斤，县大队一个排打退抢粮之敌，夺回粮食，并俘虏二十三人。县大队和南进支队三三二团一部，于 1943 年秋天还向南乐县城发起突然袭击，搞得全城敌人惊慌失措，一片混乱。不久，千口等据点的日伪军大部出动，向联防区发起猖狂进攻，妄图踏平联防区。县大队与联防区民兵协同作战，在张庄集村外利用护村沟英勇阻击，粉碎了敌人的进攻，保卫了人民群众的生命财产和县委、县政府机关。

县大队在武装打击敌人的同时，还发动政治攻势，分化瓦解敌人。县大队经常对炮楼内的伪军喊话，教育他们不要与人民为敌，要为自己留条后路。对表现好的，发给他们"人在曹营心在汉"的证件，以示归正；对屡教不改的，就用武装手段教训他们——县大队战士拂晓埋伏在炮楼附近，当敌人早晨出来时，就向他们射击，到晚上再喊话告诉这些敌人，说明为什么要打他们。柴庄炮楼的敌人不听劝告，县大队用这种方法一直搞了半个月，吓得这里的敌人整天龟缩在炮楼内。这样就迫使敌人守碉观望，不敢轻举妄动。抗日干部和县大队从一些炮楼附近经过，敌人也不敢开枪。县大队与敌工部的工作紧密配合，使不少伪军放下武器，向抗日武装投诚。驻守陈家炮楼的伪军班长刘守先，耐心说服部下，放火烧毁炮楼，率全班起义。五花营据点的伪军中队长赵宝珍，带领三十七名士兵弃暗投明参加抗日队伍。

县大队还教育和控制伪村长，使他们成为表面应付敌人，实际为抗日服务的两面村长。劝降吕村炮楼的伪军时，刘吕村的村长就起了重要作用。县大队副队长文光德让这个村长把炮楼内的伪小队长叫了下来，文光德当面向伪小队长讲明了八路军的政策，指明了出路。这个小队长被说服后，当即带领二十多名士兵宣布脱离日伪。又如敌人向各村派粮，起初，政府不准送，群众也不愿送，敌人就抓就抢。后来采取了妥善的方法：群众把粮食送到村外时，由县大队放枪，假装抢粮，群众立即把粮食拉回，再让村长向敌人报告，说粮食被八路军截走了。这样，敌人既得不到粮食，又找不到惩罚群众的借口。

1944年春，南乐的严重灾荒已经过去。在党的领导下，以县大队为主体的地方抗日武装发展空前壮大，展开了全面的对敌斗争，相继拔掉了除吴家屯据点外的敌人在县东的所有据点炮楼。县东广大群众在县委、县政府的领导下，开展了以减租减息、雇工增资、清奸反霸、反贪污为主要内容的民主斗争；在解放了的土地上，积极恢复发展生产，支援抗战前线。

遵照毛主席"扩大解放区，缩小沦陷区"的指示，冀鲁豫军区部队继解放清丰、朝城、内黄等地后，1945年1月攻克大名，4月中旬又解放了滑县以东地区。南乐的日伪军已孤立于卫河以东，冀鲁豫军区部队乘胜前进，于4月24日以四个

分区的部队和地方武装一部，发起了以攻打南乐县城为重心的南乐战役。经三昼夜鏖战，将南乐城及其周围碉堡二十座全部攻克，解放了南乐全境及大名以北、广平以东广大地区，使冀鲁豫抗日根据地南北连成一片。

县大队在南乐四年的敌后游击战争中，进行了大小战斗上百次，到南乐县城解放时，已发展成为一支具有较强战斗力的地方武装。1945 年 6 月，县大队及四个区队五百余人一起升级，编入正规军，离开南乐，奔赴新的抗日战场。

（本文来源于南乐县委党史研究室）

宜州白龙抗日自卫队揭秘

文/权 晟 覃楚芳

桂柳会战中的战场

1944年8月，侵华日军攻陷湖南衡阳后，由湖南、广东分兵向广西进犯，中国军队组织桂柳会战进行防御。同年11月，日军沿黔桂线占领宜山（今宜州区），所过城镇乡村，一路烧杀抢掠、奸淫妇女、强征壮丁，罪行罄竹难书。

面对日军残暴侵略，不愿当亡国奴的群众奋起抗击，纷纷拿起武器，成立自卫队，建立抗日根据地，与日军展开殊死搏斗。宜州区北牙乡白龙村抗日自卫队就是其中较为活跃的一支。

日军暴行令人发指

日军侵占宜山后，为达到“以战养战、震慑当地百姓”的目的，开始了惨无人道的疯狂杀戮。

据宜州党史办提供的史料记载：在德胜镇，一对母子被日军浇上煤油活活烧死；在龙头乡高明村，三名男孩被日军灌辣椒水致死。

曾参加白龙抗日自卫队的钟乐端生前回忆说，日军进犯北牙乡后，村民都躲到山上去了。为骗老百姓下山，日军招募汉奸成立“伪维持会”，到处发放“良民证”，实行殖民统治，并在驻地周围肆意烧杀掠劫。

1944年农历十一月，在龙阴村，几名日军追赶一名背着两个多月大的婴儿的妇女，意图奸污她。该妇女跑上山时，不慎将婴儿掉在路上，日军找不到她，便将婴

儿切成两半。1944 年农历十二月，日军到雁朝村“扫荡”，村民纷纷上山躲避。一名十三岁双目失明的女孩没来得及上山，惨遭日军凌辱后，又被日军以极其残忍的手段杀害。

宜州区北牙乡

奋起抗击日本侵略者

日军占领宜山后，一支四百多人的队伍（含骑兵九十人）驻扎在北牙乡一带。当地白龙村的钟乐端、韦增权、韦嘉青、韦成康等十八名年轻小伙，利用中国军队撤退时留下的两挺机枪、两支冲锋枪、十多支步枪、一千多发子弹和二十四枚手榴弹，组建了白龙抗日自卫队。

由于敌强我弱，白龙抗日自卫队对日军采取“打小不打大（敌人在二十人以下就打）”“打得过就打，打不过就跑”的游击战术。利用白龙、拉利、拉仁一带山峦迭起、地势险恶，敌人不熟悉地形的有利情况，在各个路口要道伏击日军的小股巡逻队、辎重部队，并伺机捕杀单独外出的汉奸。

钟乐端记忆最深的是 1945 年初的一次伏击战。按事先安排，自卫队分为两队人马，一队埋伏在路边的山坡上，另一队埋伏在路边的山沟里。日军巡逻队经过时，山上的机枪先扫射一遍。机枪停后，日军锋芒殆尽，沟里的队员再持大马刀杀出。

但那一次的伏击却出了意外，当一队九个人的日军巡逻队进入伏击区后，山上的机枪只打了几响便卡住了。埋伏在沟里的队员以为机枪扫射完了，便抄起大马刀齐声杀出，当场劈死两名日本士兵，其余日本士兵骑马逃回了驻地。

1944 年 12 月，自卫队得到情报，敌人一列载有军械物资的火车停在怀远镇，开不动了。十多名自卫队员连夜走了六十多里路赶到车站，摸清敌人情况后，准备以迅雷不及掩耳之势，迅速除掉敌人，搬回枪支弹药。

但是，行动中，一名自卫队队员不慎碰上日军事先安装在列车周边的机关铁线，被暗枪击中，壮烈牺牲。枪响后，日军立即用机枪向自卫队扫射。由于敌人火力过于猛烈，自卫队只好撤退。途中，自卫队在子乡村又碰上一小股日军巡逻队，怒火中烧的自卫队员利用有利地形向日军射击，击毙日本士兵三人。

面对日军扫荡越战越勇

白龙抗日自卫队组建四个多月后，队伍就发展壮大增至一百多人，伏击敌人的数量由原来的二十人以下提高到了一百人以下，给当地日军通往外界的补给线造成了严重打击。

日军为此伤透了脑筋，北牙的日军被迫绕道万里村到北山；拉仁的日军也避开原来途经二坟的近路，绕道北山至北牙。

为了消灭白龙抗日自卫队，日军于1945年3月秘密集结了四百多人的部队，准备对白龙游击区实施“大扫荡”。

1945年农历三月二十八，日军四百多人在汉奸的引导下倾巢而出，将驻扎在牛洞的韦嘉青的自卫小分队围困在牛洞附近一陡峭的石山山头。

日军强攻不成，便用两门山炮、若干门小钢炮，炮轰石山，一下子就打了两百多发炮弹，一时间地动山摇、硝尘蔽天。但当天一直下着小雨，天气不好，日军无法辨清韦嘉青部队的确切位置，多数炮弹只落在山腰上。

得到韦嘉青被围的消息后，钟乐端立即率自卫队由龙美朝牛洞方向火速驰援，于14时许赶到了牛洞。当时，有一条旱河绕山下而过，于是钟乐端带领部队下旱河，绕到敌人后侧发起攻击，与山上的韦嘉青部对日军形成内外夹击之势。

此时，在山上避难的村民纷纷戴着遮雨的大草帽，跑出来看个究竟。日军看到山上人头攒动，背后又枪声密集，唯恐中了埋伏，连忙向北牙方向突围。

日军龟缩驻地不敢再进村“扫荡”

日军“扫荡”失败后龟缩到了北牙乡、北山镇两地，放弃了原来的其他所有驻地。自卫队将伏击范围扩大到了万里村一带，北牙乡的日军又改道冷水至宜山。

由于交通补给被切断，日军完全陷入了被动的劣势，再加驻地不断被袭，于1945年农历五月初一被迫全部撤出北牙，往宜山方向败退。自卫队闻讯，对日军围追堵截、拦腰猛捶。

据史料记载，经过多次激烈战斗，当地自卫队先后在二坟、白龙、牛洞隘、蹄烟洞对面的山头、龙美洞、加铁隘等处给日军以重创，共击毙日军四十多人，打死

七十多斤的军犬一只，并缴获一批日军的军刀、望远镜、枪支等。自卫队也有两名队员在战斗中负伤。

经过半年的作战，日军终于被全部赶出北牙一带，白龙村自卫队也由此声名大振。抗战即将胜利时，国民党多次想缴械白龙村自卫队的武装，并将其编入正规军，但队员坚决不允，并将部队化整为零。

抗战胜利后，部分队员加入中国共产党并转入地下工作，中华人民共和国成立后，又多次参加剿匪战斗。

每当回忆起那战火纷飞、血雨腥风的年代，曾任自卫队副队长的钟乐端总是感慨万千。他生前曾根据自己的抗战经历写成了一本日记，希望以此告诉世人：不要忘记那段残酷的历史。

（本文选自《河池日报》，有删节）

“杀敌致果，卫乡有方”

——江山北乡自卫队抗战纪实

文/徐　青

正值抗战胜利七十周年之际，江山市档案馆在馆藏民国档案中，发现一份民国三十二年（1943 年）八月三十一日盈致云字第 12461 号浙江省政府训令，其事由为“奉行政院颁给毛西峰陆海空军褒状令，仰转给祗领由。”

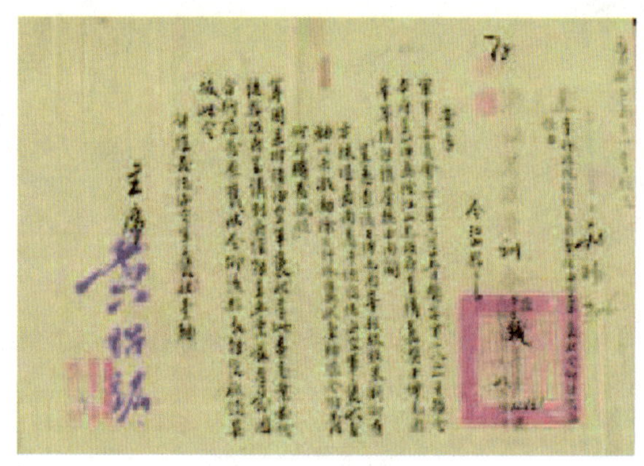

毛西峰嘉奖令

据训令记载，浙江省政府奉军事委员会三十二年六月二十五日奖字第 1821 号指令，“呈悉，查该士绅毛西峰杀敌致果，卫乡有方，殊堪嘉尚，着予颁给陆海空军褒状壹轴，以示激励。除分行外，褒状壹轴随令附发”。

为还原训令背后的历史真相，市档案局组织调查组翻阅民国档案、查找相关史料、实地探寻旧址、拜访知情老人，历经几个月的调查，基本考证清楚 1942 年毛西峰和他组建的江山北乡自卫队保卫家乡、英勇抗战的事实经过。

避居大陈

毛西峰是谁？咨询了很多江山知名文化人士均不知情。偶然翻阅《江山民国史稿》，有了惊喜的发现，原来毛西峰即鼎鼎大名的毛云鹏，西峰是他的字。

毛西峰（1875—1943），江山城关太平坊人，老宅在市心街经堂左巷口。1905 年，毛西峰受知县李钟岳委托创办江山中学堂，任学监，曾延请马叙伦、余绍宋等授课。1907 年，任县劝学所总董事。1912 年，当选为第一届省议会议员，并与马叙伦创办《彗星报》，任主笔。南京国民政府成立后，曾任外交部中文处秘书、科长。抗日战争全面爆发后，毛西峰因年老体弱，携带家眷回江山城内休养。

1942年5月，日军悍然发动以摧毁衢州等机场为目的的浙赣战役。6月10日，日军占领江山县城，四处烧杀抢掠，无恶不作，城北三十里内外大都无家可归，毛西峰被迫从县城避居大陈乡。据大陈乡大唐村池茶自然村时年八十二岁的王元龙老人回忆：“毛西峰是个很厉害的人物。日本人占领江山时，他住在大陈乡池茶与大唐交界处的后算山，借山顶一户人家的房子住，山顶就只有这一所房子。”

组建队伍

自江山沦陷后，民众痛愤敌寇兽行，杀敌情绪异常激昂，一些青年纷纷自购枪弹，三五成群，四处游击。毛西峰痛心故乡沦陷，大好江山遭受日军摧残，又看到民众抗战的无组织无政府状态，深感忧虑。于是，为充分发挥当地激进青年的积极性，引导他们共同保卫家乡，毛西峰遂联合大陈乡乡长汪香册等人，商讨组织民众抗敌自卫队事宜。

经多方奔走、分头接洽，1942年7月8日，江山北乡自卫队首次会议在荷塘徐氏宗祠召开。荷塘即现在的大陈乡大唐村。《江山县地名志》记载，因与虎山街道荷塘村同名，大陈乡荷塘村于二十世纪八十年代改名为大唐村。大唐村距江山市区约二十千米，交通方便。徐氏宗祠坐落在大唐村进村路口道路一侧，现仍保存完好。

自卫队成立大会会场——荷塘徐氏宗祠

徐氏宗祠会议参加者有三百多人，持枪者有数十人，徒手及持刀者居多。会议决定成立江山北乡保甲自卫委员会，并通过组织法及自卫队编制，成立一中队三区队，下设九班，每班不得超过十四人，枪支至少有九支。后为避免敌人探知底细，又改为保甲制度，隶属于委员会，一甲十名，五甲一保，共计五保，约二百五十人。毛酉峰担任江山北乡保甲自卫委员会常委兼主任，汪香册、徐文伟任常务委员，委员有衢州首富汪乃恕儿子汪志庄、律师徐之光、大陈乡军官范允、荷塘保长徐鸿筹、常山县青石人徐德新、大陈乡乡民代表廖高兴等十二人，公推范允兼任军事组主任，主持训练事宜。

大陈乡大唐村时年八十六岁的汪衍家老人回忆："有一天临近傍晚，毛云鹏召集好几百人在徐氏宗祠开会。我也跟去看热闹，看到毛云鹏和他的秘书等几个人坐在宗祠戏台上，下面站了几百人，统一穿青色士林布。会上编排了队伍后，就去新塘坞抓了一个日本人。"汪衍家还说："我有个叔叔名叫泽仙，在上余乡公所干过，日本人来后乡公所就散了，他带回一支枪，也加入了自卫队。"

奋勇抗战

自卫队成立后，勤奋训练，渐上轨道，在委员会领导下有组织地开展抗战，不允许单独行动，作战目标为在可能范围内消灭出城抢劫的敌人，活动范围为江山北部地区及江山、常山交界地区，涉及现江山市大陈乡、四都镇、双塔街道、上余镇、坛石镇和常山县青石镇等区域。

据大陈乡大唐村时年八十五岁的徐时任老人回忆："毛酉峰组织了好几百人的自卫队抗日，有枪有刀。自卫队指挥部设在后算山，在新塘坞等地设置岗哨，后来杀了很多日本人。毛酉峰有个秘书叫徐文伟，人称'衰樟树'，是常山县青石镇桥亭村人，以前当过校长，人很能干，听说是个地下党员。"

据档案记载，6 月 18 日，自卫队探得敌人出城抢劫荷塘、大坞、池茶、新塘坞、后垄坞等地时，奉令在五家岭（今四都镇五家岭村）堵击敌人，结果缴获物资、枪械甚多，并枪杀四名敌人。6 月 26 日，敌人探悉北乡莲塘（今双塔街道莲塘村）民众抗敌情绪最浓厚，前来抢劫物资并烧毁房屋。当地民众联络自卫队阻击杀敌两名，救下被烧房屋近十所。敌人将撤退时，曾出动破坏交通工具，某次至大陈与常山境砚瓦山破坏电杆时，自卫队联合民众，杀死敌人一名、战马两匹。敌人撤退时，自卫队全体队员及民众在上余大夫第附近进行阻击，杀敌六名、马十匹以上，负伤者无法得知，直追击于上余以下数里，始返原防地。

自卫队英勇苦斗两个月，战果赫赫。据档案记载，自卫队共毙敌伪一百五十四

人，伤敌伪一百零七人，缴获步枪、刺刀、马刀、钢盔等物品甚多。

惨遭报复

江山北乡民众不屈不挠的抗战情绪激怒了日军，遭到日军血腥报复。据民国抗战损失调查表记载，大陈乡有一名十三岁少女被奸致死，约三百人被掳（年龄从十七八岁至七十余岁不等），有男一百人、女两人被残杀，大量房屋被焚毁，粮食、牲畜等物资被抢掠，民众损失极为惨重。其中莲塘民众因阻击敌人遭敌报复，被毁房屋占十分之八九，被杀人数亦达二十余名之多。更为可怕的是，日军残忍实施细菌战，致使大陈乡全乡各保可以说无家不病。其中患痢疾者三百四十五人，死亡六十四人；患疟疾者五千八百四十二人；患烂脚者两千一百三十人；患疮毒者三千七百一十一人；患其他疾病者二百三十人。

王元龙老人就是细菌战的受害者，他回忆起往事十分痛苦："我九岁时，看见日本鬼子进村，吓得拼命躲。命虽保住了，但鬼子走后，我的腿开始烂了。现在我两条腿的筋脉都已经萎缩，皮肤像黑炭，又硬又痒。"

受到嘉奖

江山北乡自卫队抗战事迹不仅在江山北乡民间广为流传，还引起了当时军方的关注。1942 年 10 月，《前线日报》战地记者徐里平的《不可侮的江山民众》报道："江山民众武装，特别是老绅士毛云鹏所领导的一队，人数有四五百，最为强劲有力，而且行动正规，表现成绩最好。他们几乎经常伏击下乡劫掠的敌军，夜击敌军的宿营处……"《前线日报》是抗日战争时期国民党第三战区司令长官司令部的机关报。

沦陷期间，江山除北乡自卫队外，还有长台、赵家等自卫团体组织保乡卫国，以及勇敢民众单独杀敌。江山民众抗战事迹，受到国民政府军事委员会的关注。1942 年 10 月，蒋介石电令浙江省政府主席黄绍竑："据报，此次浙赣战役，江山民众勠力杀毙敌伪近千，此种民气，除应普遍鼓励激发，以收全面抗战成果外，着即传令嘉奖等，合行电仰。查明姓名，传令嘉奖，并详叙事实经过，具报云。"

江山县县长丁琮很快接到浙江省政府要求具体汇报抗战事实经过的快电，即下令各乡镇填报《杀毙敌伪忠勇人民事迹调查表》，经汇总后上报省政府。江山市档案馆现存有一份完整的《杀毙敌伪忠勇人民事迹调查表》，记录了抗战民众的姓名、所属保甲户、杀毙敌伪数量、时间、地点、具体掩埋地点、缴获物品件数、具体经过等内容。据不完全统计，在长达七十五天的沦陷期间，江山民众奋起反抗、英勇杀敌，同侵略军进行大小战斗九十二次，毙敌八百二十四人，伤敌二百九十八人，俘敌多名。国民政府军事委员会根据上报材料，遂于1943年8月向毛西峰颁发褒奖令，以示激励。1943年9月，褒状送达江山，其时毛西峰已病逝，褒状由其侄孙毛以亨代领。

七十多年过去了，这段尘封的历史再次呈现在我们面前，令人感慨不已！正是像他们一样不屈不挠、保乡卫国、反抗侵略的先辈们，铸就了江山人刚强耿直、豪爽正气、忠义勇为的品格，激励着今天的江山人不断开拓进取，奋力创业创新。

（本文写于2015年7月17日，选自江山新闻网）

韩庄民兵斗日军

文 / 王二国

平山县岗南镇的韩庄村，地处河北省最大的人工湖——岗南水库东岸，与革命圣地西柏坡隔湖相望，走水路有十公里路程。

抗日战争时期的韩庄村归郭苏镇管辖，东临石盆峪河，西靠郭苏河，南依滹沱河，是一个稻麦两熟的鱼米之乡。二十世纪五十年代，因修建岗南水库而迁移现址。

十四年抗战的胜利，是全民参战的结果。主力部队正面作战，地方武装深入敌后，村自卫队站岗放哨，以村为阵，劳武结合，支前运粮，配合作战。武器虽落后，年龄有差异，但在中国共产党的领导下，千千万万个村自卫组织，溪流汇河，成为 股强大的抗战力量。韩庄村的民兵组织在中队长王青绪、指导员周琦的领导下，埋地雷、反“扫荡”、出击扰敌，虽没有惊天动地的战果，但他们敢于和凶残的日军真枪真刀的斗争，展现了平山儿女无所畏惧、宁死不屈的大无畏精神。

吉庆一身都是胆

1942 年春的一天，韩庄村民兵活动在村东的杜梨树沟。中午，郭苏区治安员张振铎来报：“驻苏家庄据点的鬼子十来人，正在李家庄村抢粮食。”民兵队员们出于对敌人的仇视，一致主张打击敌人的气焰。队员康吉庆青春勃发，血气方刚，他提出：“一人进村正面袭敌，力争把敌人赶出村，其他队员埋伏在村东坡上，敌人出村后再打。”领导同意了他的建议。他挺身而出，主动请战进村赶敌。

那时，地里无庄稼，康吉庆从李家庄村南和尚垴绕到村北，窥视躲避着房上的岗哨，以房子为掩护进了村。他在北街东口墙脚下伏下身子观察，发现敌人从前街赶着七头驮着粮食的毛驴走了过来。在距敌丈余时，他大喊：“一排同志们，全体冲啊！”同时开了枪。敌人见来势凶猛，不明事理，吓得阵脚大乱，撂下毛驴和抢来的粮食，一齐向西北逃跑。康吉庆依然边喊边打，敌人回手扔了一颗手榴弹，吉庆见势卧倒，手榴弹在身前爆炸。此时，康吉庆的子弹已打光，干跺脚，只呐喊，无法再追。敌人跑到河滩后，我埋伏的民兵接上了火。敌人更加恐慌，没命地向西北方向奔跑，逃到讲里村，经张家庄村才返回苏家庄据点。在这次战斗中缴获的粮食，经郭苏区政府发还给了受害群众。在李家庄村召开的庆功会上，韩庄民兵排，受到了表彰奖励。《晋察冀日报》多次发表文章，称赞康吉庆为战斗英雄。

1942 年秋天的一个晚上，天色漆黑，中石殿堡垒北，通往南甸镇的大道上，几声枪响传到炮楼里，日军怕是八路军来袭，未敢下炮楼。天亮后，下来了两个伪军，见大道上扔着几把镢头、铁锹和几颗地雷。伪军认为这是游击组在埋地雷时被惊走而丢下的。两个伪军瞪着眼看了好一阵，终于有一个拿起了地雷准备回去请功，不料是硫酸雷，“轰”的一声，地雷爆炸，两个伪军受伤倒地。原来，这段路石头太多，不能埋地雷，是康吉庆巧施硫酸雷的杰作。

1942 年秋的一个上午，康吉庆、王秋禄奉命到红岭山上监视敌人。11 点左右，从苏家庄据点出来六七十个日伪军向南甸方向运动。康吉庆和王秋禄居高临下，向日军连连开枪。敌人立即散开，他俩变换位置射击。相持不到半小时，突然发现一股日军从山的东面包抄了上来。两人旋即撤退。敌人攻上红岭山头后，见到的只是几个弹壳。

1943 年初冬的一天，苏家庄据点的两个日军骑兵带着两个民夫，牵着两头毛驴，到韩庄村西抢白菜。活动在李家庄西坡的郭苏区游击组组长齐宝璋和康吉庆发现此情况，果断地说：“不能让鬼子抢白菜。”由康吉庆掩护，齐宝璋持手枪扑向两个民夫，那两个正在抢菜的民夫见状夺路而逃。待敌人骑兵赶到，齐宝璋已赶着毛驴上了郭苏村西坡。日军下马向齐宝璋开了几枪，齐宝璋和康吉庆边撤边打，日军没敢再追。

吉栓牛犊不怕虎

王吉栓和康吉庆是同龄人，胆大心细，勇敢机智。1943 年冬的一个下午，由韩志良率领的郭苏、韩庄的民兵在李家庄附近活动，发现从夹峪村方向过来二十多个日本兵，还有民夫赶着十来头毛驴，驮着所抢的财物、粮食，经郭苏返回苏家庄据点。民兵们埋伏在黑石拉坡。当敌人进入伏击圈后，韩志良喊了声“打”，十四支长、短枪一齐开火。王吉栓边开枪边呐喊着向日军冲去，民兵们群起追击，吓得日军扔下毛驴和抢夺的财物向北逃窜。民兵们沿着河滩苇地边喊边追，一直追到下东峪村南才停止。战后，游击组把缴获的财物交由郭苏区政府发还群众。

1943年冬，王吉栓、齐宝璋、韩志良三人，不断到苏家庄村南大道旁埋地雷，每次埋后都想看看效果如何，多次发现地雷爆炸处有血迹。一次，王吉栓、齐宝璋、韩志良等人到上东峪村北的红岭山头监视敌人，看见从苏家庄据点出来的三个民夫（冀中人，为日军服务），赶着一头毛驴，驮着沉重的东西向南甸方向而去。王吉栓紧追不舍，在战友们的配合下，将民夫和毛驴、财物扣押到郭苏区政府。

1943年12月12日傍晚，王吉栓、齐宝璋、韩志良等游击组二十余人在米家沟村宿营。晚上，王吉栓和一名战友在槐树岭上放哨。凌晨，他们听到岭北、岭西都有马嘶鸣和马蹄声，判断是被日军包围了，王吉栓向米家沟村方向连打几枪，为村人和游击组报警。当王吉栓跑回游击组驻地时，村民和游击组正在转移。游击组组长齐宝璋见敌众我寡，决定掩护村民向滹沱河南岸躲避。过河时，日军骑兵追了过来，朱豪村游击组开枪阻击，日军骑兵分散在郭苏村南的滹沱河滩上向东而去。过河的老百姓和游击队员们躲在两河峪村岭上，天亮后，听到滹沱河北岸的西岗南村、东岗南村枪声不断。中午过后，见尚家湾村东浓烟滚滚。事后才知道，日军在这天抓了老百姓百余人。他们强迫老百姓自己找玉米秸，每人背上一捆，押到尚家湾村东沟，将玉米秸集中到沟里点燃，日军骑兵将沟四面包围，在岸边将人刺杀后，推到大火里。到天黑时分，一百三十五名同胞罹难。这就是日军制造的骇人听闻的“双十二惨案”。因为杀害的大部分是西岗南、东岗南村人，又称“岗南惨案”。

错失良机地雷阵

1943年12月10日，日军在韩庄村挖开了王三秃家坚壁公粮的窑洞。此时，县武装部作战股股长姚英和他领导的郭苏区游击组二十多人，活动在李家庄西坡。估计日军可能在第二天来抢运窑洞里的粮食，决定在韩庄村西道路旁打一场伏击战。夜晚，他们在道路上埋下了三十多颗地雷。拉雷的绳子通到霍玉保的院墙里。地雷埋好后，康更吉、康旭两人守护地雷，其余游击队员回李家庄西坡休息。

11日黎明时分，游击组部分同志刚起床，发现敌人包围了游击组驻地。康吉庆从院中出来，一日本兵端着刺刀向他刺来。他一转身用枪把日本兵的刺刀拨开。此时，康吉庆的枪里未装子弹，倒退跳岸跑到隐蔽处，装上了子弹，向南开了两枪，向群众报警。游击组边打边撤，没有伤亡。这次，本想利用地雷阵打个漂亮的伏击战，由于工作疏漏，未能成功。但韩庄村民兵敢于摆开阵势和敌人战斗，体现出当时民兵们的勇敢与果断。

百团大战时，平山党组织为保证交通畅通，要在滹沱河上架几座大木桥。韩庄村派出了一个民兵运输班，带着牲口，住在本县古月兵站，往返于古月镇与郭苏镇之间，运送军需物资。历时十五天，圆满完成了运输任务。

1945 年 8 月 15 日下午，日本投降的消息传到了韩庄村。十四年来，压在中国人民头上的一块巨石被搬掉了，民兵和老百姓一样，无不扬眉吐气，欢欣鼓舞。人们竖着大拇指对民兵夸赞："日本鬼子的投降，韩庄民兵有一份功劳哩！"

战斗英雄康吉庆，中华人民共和国成立后到山西太原工作，改名康鑫，1990 年，参与编撰了韩庄村志——《家乡纪实》。

"韩庄民兵斗日军"相关资料就整理于《家乡纪实》。二十世纪末，康吉庆逝世，家人遵照遗嘱，将其安葬在岗南镇，在人民音乐家曹火星纪念馆东侧。

（本文选自中国红色旅游网）

掌起镇迎旸桥边　自卫队勇退日军

文/张　颖

慈溪市掌起镇随处可见各种古朴的石板桥，每座桥都有故事，当然，也包括抗战时期发生过的点点滴滴。顺着红色印记，我们将脚步停驻在迎旸桥。其所在地，慈溪市掌起镇柴家村，曾发生一场遭遇战——掌起桥战斗。

“当时没人知道这座桥叫什么，只因为这片区属于掌起桥范围，所以也就这么叫下来了。”时年九十岁的沈根裕对1943年10月的掌起桥战斗记忆犹新。那年，他才十七岁，是新四军三北游击司令部所辖三北抗日自卫总队的一个小战士。

石桥面貌依旧，尚存当年战斗的痕迹

柴家村位于掌起镇西端，由原柴家、田央、诸界三个自然村合并而成。顺着慈溪东部主要河道快船江，就能找到横跨江南北的迎旸桥。

单孔的石梁桥，历经了年代的沧桑。两个侧面的石栏上，“迎旸桥”的字样醒目有力，两边的浮雕经过岁月洗刷，却精细依旧。

台阶两侧设有石栏，两头各有十级踏道，出于安全考虑，前些年村里在台阶两侧安装了钢铁护栏。如今，这护栏却成了居民晾晒衣被的支撑物。

“日本侵略军就是从东边过来的。”沈根裕扶着桥栏说，那时的枪炮声好像又重新回荡在他耳畔。他没想到，当时人

如今的迎旸桥

员并不齐整的游击队伍竟然能击退敌军，而自己也是其中一员。

“这桥的一半是我爷爷出资建设的。”村民柴常达对这座桥有着特殊的感情。他说，这桥建成已有八十五年，比他都要“年长”许多。

对于七十多年前的那场遭遇战，柴常达听父辈提起过。“这儿，就是当时炮弹打过的痕迹。”他抚摸着桥西北面的石阶一角，确定地说。如今，村里头亲眼见证这场战斗的老一辈几乎无法寻到了。

以农民为主的游击队，击毙日军十四人

1943 年 10 月 23 日，新四军三北游击司令部所辖三北抗日自卫总队驻扎在慈（溪）北掌起桥。在宁波的两百余名日军，得知消息后向自卫总队奔袭，抵达了掌起桥东、龙山方向。

当时，自卫总队辖下龙山自卫大队驻于镇东作战地段，姚山自卫大队驻扎在掌起桥最南端河边的一座楼房里；海防大队在东、北两个方位的地段上；总队部机关和总队警卫中队则驻扎在镇中南地段。表面看起来，抗日自卫总队号称有四个大队，可实际总兵力只有三百余人及若干枪支，且分配到的每支枪子弹有限。

10 月 23 日凌晨 3 时许，在镇东北方向的枪声划破了寂静的夜空。日军分两路向我军驻地进攻，首当其冲的是龙山自卫大队和海防大队，战斗打得异常激烈。火力持续一个多小时后，战线南移，双方也开始争夺地段。

沈根裕记得，部队在战线转移时，刚出桥北边的一条弄堂，准备撤过迎旸桥时，就遭遇了从东南面过来的日军。

“上头下令要以石板路为阵地，进行阻击。”自卫队用火力封锁桥南边地段，尤其是这座桥的桥头和桥面，一旦有日军从桥上冲过来，就猛烈射击。

“队伍里很多都是本地农民，熟悉这边的地形，加上战术组织好，敌我就在这座桥两端形成了交叉火力网。”沈根裕回忆，在我军顽强的防守下，日军的进攻一次次被打退。这场遭遇战，共击毙日军十四人，击伤多人。

（本文选自《宁波晚报》）

琼崖抗战：游击队砍荔枝树自制火炮击毁敌人两辆军车

口述 / 郑心凯　整理 / 杨金运　谢泽鹏

1938 年 12 月 5 日，琼崖红军游击队，改编为广东省民众抗日自卫团第十四区独立队。1939 年 2 月 10 日，日军数千人在海口一线登陆。是日，独立队派一中队在敌东进必经之地潭口设伏，战斗从中午持续到黄昏。潭口阻击战，揭开了琼崖抗战的序幕。十四年抗战，琼崖抗日独立纵队对日伪作战两千余次，歼日伪军一万五千余人。而琼崖独立纵队指战员牺牲五千六百余人。

“送郎送别到后山坡，只见脚迹一行行；送郎送到那战场，冲锋杀敌勿动摇。郎你救国保家乡，在家有我顾爹娘；抗日胜利回乡看，全家团圆乐洋洋。”一首南阳抗日民谣，唱出了一幕幕历史片段——抗日战争时期，“抗日模范乡”南阳乡，妻子劝丈夫、父母劝孩子，上战场保家园，抛头颅洒热血，就在这个乡，二百四十八名革命烈士为国捐躯。郑心凯第一位妻子死时，时任儿童抗日救国团（简称“儿童团”）团长的他正在山岭之中，和战士们一起艰苦抗日，期盼能用鲜血换取胜利的到来。时光飞逝而过，如今八十七岁的郑心凯感到高兴的是，他的儿子几年前已回到荒废的村子盖了新房，重建家园。

缴获日军重机枪　十四岁少年接保管重任

海口海甸岛一小区内，郑心凯老人穿着军绿色上衣，精神抖擞，一束阳光透过窗户把他短短的白发照得发亮。

他翻开一本小书，翻到有关一挺机枪的那页。“看，我们不是一般的小孩。”郑心凯说。

1941 年 7 月，这挺从日军手中缴获的重型机枪被送到了南阳乡。考虑到携带重型武器不利于打游击战，南阳抗日游击队决定将之藏在深山，待到恰当的时机再拿出来杀敌。然而，这么大一挺重型机枪由谁来保管呢？部队领导商量后，想到了南阳乡儿童团团长郑心凯。

“我愉快地接受了这个重任。”当时，十四岁的郑心凯借着天黑，领着战士把重型机枪扛到村子后边的山洞中藏匿了起来。郑心凯经常溜进山洞，用干净的布条擦拭或上上油，悉心呵护着它。

郑心凯带领的儿童团为了抗日搞宣传、传情报。郑心凯印象深刻的是，1942年上半年，在一次带领儿童团到前线给部队送粮食和送水时，他在灌木丛中发现一个倒下的战士。当时的担架队以为战士已经牺牲了，但心细的郑心凯发现他还有气息，赶紧招呼担架队将战士送去治疗。

1938年10月，日军侵琼。日军占领文昌（今文昌市）县城后，战火很快燃烧至南阳乡。南阳乡迅速调整成全民抗战模式。土改革命时活跃的战士，把枪口对准了日军。“那时候，妻子鼓励丈夫、父母鼓励孩子上前线。”郑心凯说，拥有一百二十多人、九十多支枪的文昌第一支抗日武装——南阳乡抗日游击中队，在群众呼声中建立起来，队长是人称“三爹良”的李良。

“当时没有炮，就砍荔枝做炮。把荔枝木劈成两半，中间掏空，再合起来。”郑心凯兴奋地比画着说，先把火药放进去，再放一些砸铁锅砸出来的铁砂。1939年5月，日军进犯南阳，战争打响，早已在文南公路两旁埋伏的游击队点燃荔枝炮，怒吼的炮弹击毁了敌人两辆军车，阻止了敌人前进。

游击队队员随即开枪，击毙敌人数人，缴获步枪七支及子弹一百多发。“敌人搞不清楚遇上什么厉害的武器，仓皇逃跑。”谈到此处，郑心凯老人情不自禁地唱起“大刀向鬼子的头上砍去……”。

日军侵占南阳乡　民众以死相抗

尽管装备落后的南阳抗日游击队英勇抗敌，日军仍是依靠飞机大炮占领了南阳乡。

郑心凯记得，此时，南阳乡民众抗日的热情没有因家乡的失陷而消减，反而倍增。商家毫不犹豫地拆掉商铺，搬来石头填埋水井；村民连夜抢收庄稼，把牲畜和粮食藏进山里，并毁掉公路要道。“我们搞坚壁清野战术，破坏公路桥梁，把一种有毒的树籽捣破了，放到日军用水的地方，搞到水不能喝，洗澡的话也发痒。”郑心凯说。

与此同时，游击队“能打就打，不能打就跑”，“打不了大部队就打三个五个的，搞得日军不得安宁”。没房住、没水喝，路和通信常被断，到处挨打被袭，日军只好缩回文昌县城据点。

时任文昌县群众抗日联合会主任的李光邦回忆说:“南阳乡的群众好，年轻的上前线，不上前线的就搞后勤服务，全民抗战。”李光邦记得，有一天，他在一个革命堡垒户叶三婆家，“她说想给她远在南洋的一个亲戚报名参加共产党，我问她为什么，她说你们共产党好”。至今想来，李光邦心里仍是满满的感动。

“战士的吃喝，都靠这些群众啊！”李光邦说，该乡大部分青壮年参加了抗日武装。

恼怒的日军开始对南阳乡实施“蚕食”“扫荡”。“你知道什么叫‘蚕食’吗?就是日军出动小队人马，一个村一个村去屠杀，就像蚕吃叶子一样。”郑心凯说，在这场“蚕食”中，他没有了家园，也没有了家人。而整个南阳乡四十八个自然村、六百九十七户、三千多人，有十八个村被日军夷为平地，七十九户被杀绝，超过一半的村民遇害。

1943 年，“脱产”外出革命的郑心凯从逃生出来的邻村村民口中得知噩耗，一手将他带大的伯母和姑妈都被日军杀害。他的第一任妻子，也被杀害于深山之中。“死不见尸。我去找她们的尸体，却找不到她们在哪里。”郑心凯伤心地说，他的祖母为了躲避日军，在河边挖了一个地洞，和另一位亲戚住在里面，也惨遭横祸。

“她说住在河边，如果敌人发现她，她就跳河。我十天八天回来看她一次。”郑心凯说，“没想到祖母果真被敌人发现了。她们都跳了河，亲戚活下来了，祖母却不知道哪里去了。”至今，郑心凯仍不知道祖母的尸骨在何处。

与郑心凯的祖母相似的是，1942 年的一天，南阳乡几名妇女被日军追赶，跑到美丹溪时，妇女们不愿被敌人侮辱，集体投入美丹溪。

以死相抗，成了南阳乡抗战记忆里一种悲壮的抗争。

环境艰苦恶劣　仍坚持抗战

其实，在家人死于日军屠刀之下前，郑心凯出生后一年，他的父亲郑庭云便在琼海为革命献身了。五岁时，母亲改嫁，郑心凯成了孤儿。

失去亲人的郑心凯只能把家仇化为抗日的动力，把眼泪吞进肚子里。“我告诉自己我已经是参加革命的人了，可以悲伤，但不能流泪，不能被击败。”

缺衣少粮、武器装备落后、药品稀缺等问题，困扰着当时的南阳抗日游击队。郑心凯的任务也越来越重，先后任乡抗日民主政府助理员、乡总支委员、乡总支书记、中共区委委员、乡民主政府乡长。1944 年，在取情报的路上，郑心凯被国民党部队开枪打中右手手掌，由于缺乏足够的医疗条件，只能就地用树叶和盐巴止血，腐烂情况严重就找草药医治。

直到如今，郑心凯的手指仍无法自由张开，行军礼时手指都无法伸直。当年因为缺医少药，不少战友得不到治疗，甚至付出了生命的代价。

艰苦还不止这些。“我记得，有一年冬天很冷，附近的海域里有很多死鱼，没有粮食，但我们还是很高兴，去海边捡死鱼吃。”郑心凯记得，到了晚上，没有衣服穿，他只穿着一个裤衩和衬衣，冷得瑟瑟发抖。“我们只能不停用手搓脚，把稻草堆起来，中间挖个洞钻进去取暖过冬。”

“有人甚至冻死了。”郑心凯说，他们还是依靠自己，度过了这个残酷的冬天，等到了日军投降的那一刻。

（本文选自《南国都市报》，有删节）

太湖黄牸乡抗日游击队

——在艰苦环境中壮大的抗日力量

文 / 汪秀兵

1940 年 10 月，太湖县花亭湖畔的八士畈邓家湾（今汤泉乡士畈村内）成立了一支抗日游击武装——“黄牸乡抗日游击队”，这是当时太湖县唯一一支由中国共产党直接领导的抗日游击武装。这支队伍采取公开与秘密相结合的方法进行活动，在群众中宣传共产党的抗日主张和新四军抗战的政策，在艰苦的条件中壮大。

国民党顽固派破坏统一战线　云团起义失败

1937 年七七事变后，国共两党建立抗日民族统一战线，中国进入全面抗战时期。

1938 年 7 月 1 日，日军清水师团集结万余人分三路进攻太湖县。一路由安庆经小池进入；一路由石牌经新仓进入，一路由望江经徐桥进入。日军所到之处，杀人放火，奸淫掳掠，无恶不作，造成数十万人流离失所。

1939 年 1 月，国民党召开五届五中全会，设立“防共委员会”，在全国掀起“反共”高潮，公开破坏抗日民族统一战线。根据上级指示，太湖县民众抗日总动员委员会（简称“县动委会”）及安徽省民众抗日总动员委员会（简称“省动委会”）驻太湖工作团先后离开太湖县，赴抗日前线参加抗战。

1940 年 3 月，国民党第四十八军所属第九游击总队司令云应霖抵制国民党顽固派破坏统一战线行为，拥护共产党抗日主张。国民党政府为防范云应霖投奔共产党，将第九总队改编为第四十八军补充团，调防于抗日大后方的岳潜边境。云应霖识破国民党政府的意图，决定起义，并率领由共产党员为骨干的第七连和突击队，进驻岳西撞钟河、菖蒲地区以策应起义。后因国民党第四十八军三个团的兵力“围剿”，云团起义失败。云团起义失败后，云应霖受伤被捕，突围出来的大部分赴皖中地区。中共党员李甸民突围后，找到中共党组织，回到了家乡八士畈，继续组织武装革命。

回到八士畈组　建抗日游击队

回到家乡八士畈的李甸民，很快与时任中共太湖县第三区（原寺前区和小池区）特支书记的五兄李榍（李菀民）取得了联系。他们一起分析了当时的形势，认为八士畈一带具有组织抗日武装的良好基础。原中共第三区抗日自卫队一部分老人还在；家乡一带部分进步青年都想参加新四军，反对国民党征兵、要费、抓壮丁；活动在鄂皖边界的新四军第五师十四旅政委张体学经常带人到八士畈、黄冈一带打游击。万一发生不测，可争取他们的支持。

随后，李甸民以做布匹生意为由，在八士畈、黄冈等地进行革命活动，通过家族和亲戚关系暗地联络一群进步青年，组成抗日游击队。

经过两个多月的准备后，李甸民秘密联络了近二十人，于 1940 年 10 月在八士畈邓家湾成立了“黄柠乡抗日游击队”，李甸民任游击队队长。他们白天照常劳动，晚上秘密活动。这些被组织起来的进步青年有一个共同点：即对旧社会不满，反对国民党政府，认为他们怕日军，缺乏抗战决心；他们敬佩新四军，认为只有新四军是真正抗日，只有共产党才能获得抗战最后的胜利。

太湖县汤泉乡士畈村时年八十四岁的邓太林老人说：“我那时只有十二三岁。这支游击队成立时，是在邓家湾公堂东后角邓左廷家里开的会。邓左廷是我叔爹，也是游击队一班班长李时文的岳父。由于当时处于国民党管制之下，加之游击队还没有与党组织和新四军联系上，他们的活动十分困难，也很危险。后来，游击队队员开会大多是躲在邓家湾屋后蜡树坦石洞里开的。白天在外，有时晚上回屋里。”

游击队在战斗中逐渐壮大

1940 年 10 月，张体学率领部队经过八士畈，李甸民立即与他取得了联系，并汇报了黄柠乡抗日游击队的情况。张体学给予这支游击队充分的肯定和鼓励，并交代了游击队活动方法、策略和以后的联系人、地点（中共桐山冲一圩大关区县委）等。这给刚刚成立的抗日游击队很大的鼓舞。

1940 年 11 月，这支游击队发展到五十人左右，分为三个班。第一班班长李时文（八士畈东冲人），主要负责军事；第二班班长汪毛海（八士畈柳冲人），主要负责交通；第三班班长汪胡武（八士畈洪岭人），主要负责侦察敌情。

他们还派人到天桥羊角河购买国民党丢弃在民间的枪支，后又从当地地主家中夺得五条枪支。国民党黄柠乡乡公所当时设在赵家河，游击队一夜之间包围了乡公所，迫使乡长周觉侯交出步枪六支。这样，游击队拥有步枪十余支、土枪数支。

游击队得到武器后，采取公开与秘密相结合的方法进行活动。他们在群众中，宣传共产党的抗日主张和新四军抗战的政策，以增强群众的革命信心。

1941 年 2 月，游击队与潜、太、岳指挥部进行了两次联系，后通过新四军第五师联系上了第七师。1941 年 3 月，新四军第七师挺进团在新四军第五师十四旅的引荐下，由团长林维先派叶成带领六名战士，来到了黄牸乡协助李甸民工作，加强了游击队的领导力量。林维先部还在佛图乔木寨成立了中共黄牸乡抗日游击队党支部，并召开了群众大会，宣传了党的抗日政策。

编入新四军，奔赴抗日前线

邓太林介绍："陆家岭有一支烈火队，有十几条枪，他们经常配合国民党军队到处抓游击队队员。有一次突然袭击，抓了几名游击队队员。游击队队长得知这一消息后，决定趁黑夜偷袭。他们分班潜入陆家岭，发现敌人正在酣睡。正当他们准备营救被关押的队员时，不料惊动了一名敌人，他大声喊叫，于是双方发生了枪战。经过一场激战，游击队毙敌三人，其中机枪手一人。这次偷袭，不仅抢回了被关押的游击队队员，而且让游击队得到了实战锻炼。"

1941 年 4 月下旬，国民党太湖县自卫大队一个分队到佛图的蔡家河驻防，准备进山搜查。游击队决定占领有利地形，打顽军一个措手不及。顽军刚从驻地出发，游击队就得到了消息，立即抢占山口的制高点，等待顽军到来。经过一个多钟头的战斗，俘敌八人，缴步枪三支。除一名班长当场被击毙外，其余的人经教育后全部被释放。

李甸民遵照新四军第七师挺进团的指示，带领游击队向宿松、望江湖地区转移。转移过程中，部队在徐桥泊湖地区又与国民党太湖县自卫大队徐桥分队发生遭遇战。李甸民生前口述、占协民访问记录的《新四军七师林维先在太湖开展游击队的情况》一文记载："走徐桥时，碰上了自卫队员三十多人。当时我们的人更多，游击队有八十多人，挺进团有一千多人，所以徐桥自卫队这次被全部消灭，被我们打死了七八个人，活捉了二十多人。为挽回损失，国民党一三八师属部、一七六师属部、太湖县自卫队，还有宿松县自卫队都向我军'围剿'过来。这样处在撤退中的我游击部队的势力就比敌人小多了。因此，部队在危急中边应付，边撤退。"

在李甸民的带领下，黄牸乡抗日游击队在徐桥遭遇战后安全向湖区转移，完成了由山区向湖区转战的任务，最后被编入新四军的序列，奔赴抗日前线，共同担负抗日救亡的光荣使命。

据了解，太湖县“黄狞乡抗日游击队”从1940年10月建立到1941年5月正式编入新四军第七师挺进团第四游击队，前后只有八个月的时间。虽然时间短暂，但它在安庆市抗战史上和中共党史上存在的意义和影响却是巨大的。

（本文写于2015年6月5日，选自安庆新闻网）

豫东抗日游击队　杀倭除寇逞英豪

文 / 贾若晨

冀中抗日根据地有名声赫赫的平原游击队，辽阔的豫东大地上也有一支战功显赫的抗日游击队。在中国共产党的领导下，这支游击队以睢县为中心，在周边十四个县的范围内，展开了波澜壮阔、旷日持久、艰苦卓绝的抗日斗争。在不到十四年的时间里，睢杞太军民共战斗四千九百零九次，毙俘日军八百二十三名，解放国土四万余平方华里，以巨大的代价创建了睢杞太抗日根据地，为中国人民抗日战争的胜利作出了重大贡献，谱写了光辉灿烂的历史篇章。

这支游击队便是豫东人民抗日游击第三支队，后编入新四军游击支队。

党组织恢复　建立抗日武装

睢县沦陷前，在国民党的“围剿”下，当地原来的党组织遭到了很大破坏。1937 年 9 月，河南省委宣传部部长刘子久来到豫东。郭景尧通过张海峰与刘子久建立了组织关系。同年年底，省委派王静敏、谭志政到睢县成立豫东工委，王静敏任书记。工委工作范围为睢县、商丘、柘城、民权、太康等县。工委成立后立即在睢县黉学大成殿组织抗日青年干训班。1938 年 2 月，经组织调整，张辑五任中共睢县中心县委书记，组织党员在全县开展抗日救亡运动和组织抗日武装。1938 年 5 月，根据省委指示，省委组织部部长（原中共豫西特委书记）吴芝圃只身返回豫东，领导睢杞太地区各级党组织发动群众，积极组织抗日武装。

1938 年 5 月 31 日，日军攻陷睢县县城，烧杀奸淫，无恶不作。睢县县城陷入火海，尸横遍野。

日军的暴行没有吓倒睢县人民，反而激起了睢县人民的战斗欲望。在广泛的抗日救国宣传下，目睹侵略者暴行的睢县人民群众将悲痛化为复仇的力量，大家积极组建抗日武装，受党直接或间接领导的抗日武装蜂拥而起。

睢县县委党史研究室主任张清玲说，当时的睢县涌现出一批有代表性的抗日武装。如张辑五以杨楼村为基点，建立起共产党的抗日武装；姜朗山以国民党授予的“战地服务团团长”身份公开组织起武装，命名为“特种工作团”；苗泽生在家乡苗楼组织了武装；李省三在伯党集一带组织武装；接着是阎土楼村成立武装、大徐楼村成立武装、西陵寺成立武装……短短一个多月的时间，抗日武装已成燎原之势。

1938 年 6 月 10 日，睢杞两县抗日武装移至杞县大郑庄进行整编，建立了睢杞大队，由吴芝圃统一指挥。杞县武装编为一中队，睢县武装编为二中队（中队长王广文，政治指导员张辑五）。一支由共产党领导的人民抗日武装——睢县中队光荣诞生。

花胡寨初捷　游击队小试牛刀

睢杞大队成立后，睢县二中队仍在睢县杨楼村一带进行抗日斗争。1938 年 6 月中旬，驻杞县的日军土肥原师团一个小队到杞县花胡寨抢粮。得到杞县一中队的情报后，睢县二中队立即前往配合袭击，开始了睢杞大队成立后的首次战斗。

6 月份的高粱已长到半人多高。在高粱的掩护下，睢杞两县抗日武装很快包围了花胡寨。睢县二中队在王海山的指挥下从东面主攻，杞县一中队在吴芝圃的带领下从西面断后。战斗持续约两小时，睢杞武装慢慢逼近村庄。日军小队战斗力渐渐不支，扔下车辆和粮食四散逃窜。

据张清玲介绍，此次战斗，睢杞武装共打伤日军两名、战马两匹；缴获马车两辆、骡子四匹、钢盔九顶，以及其他战利品二十余件；夺回了日军抢劫的粮食两千多斤，并当即将粮食交还群众。花胡寨战斗的胜利，极大地鼓舞了睢杞两县人民抗日的士气，提高了共产党抗日队伍的威信，许多青壮年争着加入抗日队伍。吴芝圃的声名在花胡寨一带被广泛传扬。

游击队队员抗战时期的老照片

睢县二中队回到杨楼村后，长岗一带的青年争相加入队伍。这时，原长岗党支部书记白辛夫把睢县二中队的一分队扩编为一个中队。通过关系，王广文又把长岗集孟永舒和孟广汉的看家队召集了过来，也很快扩编为一个中队。不到十天时间，睢县二中队便扩编为一个大队。

长岗大捷　巧战破“金汤”

睢县沦陷后，一时间沉渣泛起，各种武装势力也粉墨登场。睢县当地甚至出现了“三里五里一团长、十里八里一司令”的情况。一些土匪也组织起了武装，打着抗日的名义到处抢劫百姓，并随时准备投靠日本人。

睢县百姓把这种土匪武装称为“杂扒队”。1938 年 6 月份的睢县已到了遍地“杂扒队”的地步。他们盘踞一方，拉票抢劫，奸淫妇女，无恶不作。有的甚至打着抗日的旗号，公然到地方收粮派款；有的则趁村民没有防备的时候突然进村，搜刮一番。张清玲说，当时在睢县百姓中流传着这样一首反映“杂扒队”凶恶的歌谣：“日本打，老蒋退，遍地成立‘杂扒队’；‘杂扒队’，不保国，先牵牲口后挖麦；挖了麦，还不算，临走还拿衣裳片。”

睢县西南长岗集的张心贞便是“杂扒队”的代表。他称霸一方，危害乡里，暗通日军，仇视共产党。1938 年 6 月 23 日，张心贞一伙甚至杀害了共产党员李省三，并将烈士遗体大卸八块。

在掩埋了李省三烈士的遗体，举行了追悼会后，吴芝圃和大家决定攻打张心贞。但打张心贞并不是件容易的事。张心贞盘踞的长岗集中心十字道的大圩头，是全县海拔最高处。十九世纪中期，捻军几次攻打长岗集，都败于此。二十世纪三十年代，长岗集中心建起一座四层砖木结构大楼，楼顶有射击口，貌似钢叉，被百姓称为“四层钢叉楼”。张心贞有三四百人守在这里，自谓“平原金汤”。

为确保战斗顺利进行，睢杞大队投入大量作战力量，兵分三路包围长岗。1938 年 6 月 24 日，战斗打响，睢杞大队很快把敌人压制到四层钢叉楼的狭小空间内。鉴于四层钢叉楼易守难攻，睢杞大队采取了围而不攻的战术。

6 月酷暑，四层钢叉楼内粮尽水绝，张心贞一伙很快就坚持不住了。27 日黎明，张心贞带领残余分子挖洞突围。因焦渴难忍，他们出洞后到坑边争饮污水，遭到睢杞大队战士开枪射击。当即毙伤敌人二十余人，俘获三四十人，缴获枪械四百余支、子弹两千余发，另有自行车数辆。

长岗大捷的消息不胫而走，人民群众奔走相告。抗日武装力量短时间内获得迅猛发展。后来，彭雪枫将军也称赞道：“吴先生振臂一呼，千百万群众便揭竿而起，风起云涌啊！”

三支队成立　整编进入新四军

至1938年7月，睢杞两县的抗日武装再次整合，扩编为豫东人民抗日游击第三支队。三支队下辖三个大队和一个特务中队（警卫连），吴芝圃任三支队司令员。

三支队成立后，进一步研究了作战方针，确定继续扩大抗日武装力量，积极开展抗日游击战争；摧毁伪军、伪组织及顽军，粉碎日军“扫荡”；派交通员和省委联系，取得指示。根据这些方针，1938年7月下旬，三支队进行了贾洼战斗，打垮了顽固“杂扒队”张瑜汝部。紧接着，三支队第三大队七中队过惠济河侦察敌情，与日军遭遇，利用青纱帐，又一次给日军以痛击。

1938年9月30日，彭雪枫率领新四军游击支队三百七十三人从河南确山县竹沟出发，进军豫东敌后，开辟豫皖苏抗日根据地。10月12日，游击支队与萧望东率领的先遣大队、吴芝圃率领的豫东抗日游击第三支队在西华县杜岗会师，统一整编为新四军游击支队，司令员兼政委彭雪枫，副司令员吴芝圃，参谋长张震，政治部主任萧望东。全支队一千零二十人，下辖三个大队和一个警卫中队。三大队又称“独立营”，即原豫东抗日游击第三支队。27日，新四军游击支队在淮阳窦楼遭到百余名日军的突袭。彭雪枫沉着指挥，指战员奋勇作战，激战两小时，将敌击溃。睢县抗日健儿吴守训击毙日军林津少佐，全军缴获子弹两千余发，取得了出征敌后的首次胜利。

11月下旬，新四军游击支队首次回师睢杞太地区，攻打睢县伪军西陵寺据点，消灭伪区长马培善部三百余人，在杞县邢口附近打垮了胡祥生、李玉林部等土顽，又相继收编了睢县二团队和孙其昌组建的抗日武装，壮大了新四军游击支队的力量，打开了睢杞太地区的抗日局面。

（本文选自《京九晚报》）

建树边疆，巩固国防，还我边围
——威震敌胆的佤山抗日游击队

文/余 红

在中华民族艰苦卓绝的抗日战争中，云南各族人民、各阶层人士，在中国共产党倡导的抗日民族统一战线下，团结抗战，为中国人民抗日战争和世界反法西斯战争的胜利作出了重大贡献。中国共产党领导的佤山抗日游击队就是其中的典型代表。

滇西沦陷后，中共云南地方组织及在滇军中工作的地下党员，遵照中共中央南方局“如果日军深入云南，就要在云南发动抗日游击战争”的指示精神，积极发动敌后游击战争。1942 年夏，日本侵略军突破英缅军和中国远征军的防线，从滇缅南段未定界进犯云南佤山地区。中共中央南方局为了联络佤山地区的土司武装，建立敌后抗日游击队，于同年秋派中共党员、《新华日报》记者江枕石以商人身份到澜沧，与失去联系的云南早期地下党员李晓村及进步人士尹溯涛等取得联系，准备在澜沧建立党领导的抗日游击根据地。李晓村通晓拉祜、佤族语言和文字；尹溯涛精通英语，在中英会勘中缅未定界时，曾担任阿佤山十七王的代表，在佤族群众中很有威信。江枕石、尹溯涛等深入佤山边境未定界的猛茅、敢散、莫咧、敢色、业烈、南亢武、蛮盾等佤族部落进行社会考察，认为凭借爱国士绅罗正明的声望、财力和武装力量，可以组建一支抗日游击武装。

时任澜沧县保安队大队长的罗正明，景谷人，少年家贫，十五岁从军，后弃军从商，家资日渐雄厚。他招募有志青年组织武装，剿匪维边，是受群众拥戴的地方实力人物。在江枕石等人的推举下，罗正明同意在阿佤山组建抗日游击武装，建立抗日根据地，并商定共产党方面由江枕石联系，国民党方面由罗正明、尹溯涛通过李根源向第十一集团军申报。1943 年 2 月 5 日，江枕石与党组织联系的信函被澜沧县警察局查获，澜沧县政府以煽动夷民暴动罪名将江枕石杀害，并悬赏五百银圆通缉李晓村、尹溯涛。李晓村、尹溯涛两人临危不惧，仍按江枕石传达的中共中央南方局指示精神加紧筹建抗日游击武装。

佤山地区地域辽阔，山高谷深，经济文化落后，没有一个相对统一的政权组织形式，各个部落互不统属，佤山十七王及大小头人各自为政。1944 年夏，通过尹溯涛与李根源的亲戚关系，驻滇西的国民党远征军司令部委任罗正明为“阿佤山区抗日守备第二支队”支队长，负责组建佤山抗日游击队。为取得佤山十七王的支持，罗正明率领游击武装进驻佤山，与西盟佤族土司代办李扎体会晤，达成团结一致、共同抗日的共识，并在佛寺喝咒水盟誓。在李扎体的帮助下，游击队疏通了与西盟土司的关系，并与南徐河西岸的巴斗、敢色、南亢武等佤族部落建立了联盟。罗正明专门带上礼物拜会佤山十七王以及大小头人，在取得他们的信任和支持后，于允恩召集业烈王召困衣、芒冷王储召兼猛、芒冷内阁长爷召、阿麻酋糯坎武、敢色王困衣及召麻哈翁、南亢武王召钟、巴斗王困散、莫烈王困岩等十七王及大小头人一千多人，举行剽牛盟誓大会，军民同饮咒水，庄严盟誓：誓死团结抗击日军，永不反悔！

1945 年 2 月，罗正明在允恩正式成立佤山人民自卫总队，下辖五个大队，罗正明任总队长，尹溯涛任政治部主任，李晓村任军需主任。队伍成立时有八百多人。自卫总队营房大门上的对联为“公孔二山雄峙，设营其间，以政治开发边疆，建树边疆；沧怒两水回环，筑垒于中，用军事充实国防，巩固国防”，横批“还我边围”，表达了佤山各族人民誓死抗敌的决心。佤山人民自卫总队没有政府正常的军需供应，队伍的给养主要靠罗正明的马帮贩运商货挣钱补给，生活条件极其艰难，但佤山周围的各族爱国青年不畏艰苦，跋山涉水加入自卫总队。

1945 年 3 月，佤山人民自卫总队兵分三路，向日伪军占领区发动攻击。中路出击，敌人闻风而逃，自卫总队顺利收复满象。南路将敌三面包围，敌不战而溃。北路在地方民兵武装的支持下收复永和、蛮国、班洪，然后集中兵力攻击日伪军大本营新地方，日伪军溃退至蛮屯。到 5 月底，佤山人民自卫总队光复了澜沧江边境及中英滇缅南段未定界被日伪军侵占的佤山南部及十七王地等地区。此后，日伪军慑于自卫总队的威力，未敢侵犯佤山一草一木。

抗战胜利后，英国政府公然将佤山的半壁国土划入“英缅版图”的瓦州，并以武力威迫佤山人民自卫总队退出阿佤山区。国民党政府迫于英国的外交压力，急欲解散佤山人民自卫总队。此间，国民党沧源县党部书记长李忠诚到佤山人民自卫总队“考察”，发现队伍中传阅《新华日报》《大公报》《民主周刊》等进步书刊，传

唱《义勇军进行曲》等抗战歌曲，认为这支队伍有“赤化”的嫌疑，国民党政府遂于 1945 年 10 月下令解散佤山人民自卫总队。1946 年初，佤山人民自卫总队在图糯山与英国牧师永亨乐率领的英国侵犯军展开决战，英军被打得溃不成军，狼狈而逃。其后，佤山人民自卫总队在国民党政府的压力下，被迫撤回到西盟区的翁戛科烟山解散。解放战争时期，罗正明、尹溯涛、李晓村及游击队大队长刘国昌等主要领导成员，参加了云南党组织领导的人民武装，尹溯涛在武装斗争中献出了自己的生命。

抗日战争期间，在中国共产党抗日民族统一战线的感召下，除佤山抗日游击队外，滇西、滇西南、滇南边境的各少数民族土司、头人等，共赴国难，守土卫国，在云南千里边疆建立了十多支抗日游击武装，人数达五千余人，声势极盛。边疆各民族誓与疆土共存亡的凝聚力，在滇西抗战中达到了前所未有的坚固；各民族人民守土有责、团结御侮的战斗力，得到了前所未有的升华，充分体现了云南各族人民的爱国主义精神。

（本文选自《云南日报》）

一支神出鬼没的矿工游击队

文 / 王昭忠　管成成　李云胜

抗日战争时期，淮南煤矿虽被日军占领，但那里活跃着一支游击队，通过顽强地与日军抗争，给予日军沉重的打击，有力地支援了华东地区的抗战。

成立矿工游击队

1942 年底，淮西独立团将主力转移到淮南外围的八公山、舜耕山南麓一带活动。根据当时的形势变化，准备深入淮南矿区，开展矿工工作。一方面在淮南矿区发展党员，建立矿工党组织，开展抗日斗争；另一方面扩大淮西独立团的抗日影响力，通过淮南矿区的抗日斗争，破坏日军的军力部署。

独立团通过努力，找到了一位最适合的人选，他就是早年参加皖北游击队的尹芳轩。尹芳轩拥有坚定的革命信念，遇事沉着冷静，又在淮南地区生活过，了解当地的文化，有着丰富的人脉关系，是最合适的人选。

独立团通过召开党委会议，最终决定任命尹芳轩为即将组建的矿工游击队队长，派特务连一排排长王德冲任指导员，协助尹芳轩开展工作。

1943 年 5 月 1 日，矿工游击队正式成立。大家拿到了独立团调拨的枪支，从此在淮南矿区展开了抗日斗争活动。

杀死“钻头鸡”

日军侵占淮安煤矿后，把九龙岗煤矿和大通煤矿合并成立了“日华合办淮南煤矿股份有限公司”，总部设在上海，并在矿区设立淮南矿业所。合并后，把九龙岗矿称为“东矿”，大通矿称为“西矿”。矿业所里有一名负责木工工程的员工，名叫夏本，每天背着皮包，手里拿着一个长把检查锤，经常在东矿、西矿来回跑。这个人经常伸伸头、缩缩颈，东瞅瞅、西看看，心怀鬼胎。矿工们给他起了个“钻头鸡”的外号。这个日本人心狠手辣，经常用长把锤毒打工人，把工人打得头破血

流，工人们对他恨之入骨！尹芳轩和王德冲决定杀掉这个“钻头鸡”。

5月的一个黑夜，尹芳轩挑选了四名矿工游击队队员，晚上埋伏在东西矿马路边，等候夏本。夏本住在东矿，隔一天早上去西矿。这天早上他如常去了西矿，队员们决定晚上在他回东矿的路上把他干掉。

晚上8时许，夜色沉沉，没有灯光，夏本一人从西矿出来，打着手电筒，晃悠悠地走在路上，口里哼着日本民间小调，趾高气扬地走进了埋伏区。尹芳轩手一挥，队员们一拥而上，绑住夏本。队员们打算训斥他几句，没想到夏本张口就要喊叫。站在后面的队员紧紧勒住夏本的脖子，夏本拼命地蹬腿，可是没过一会儿便失去了动静。“钻头鸡”也变成了一只“死鸡”。队员们见夏本死了，出了一口恶气，也解了心头之恨。

第二天上午，汉奸向日军报告了夏本的死讯，日军气急败坏，决定要找出凶手加以严惩。可是折腾了数日，也没有找到凶手，只好作罢。自此，敌人的嚣张气焰被打了下去。淮南矿上的日伪军整天提心吊胆，特别是在井下监工的日军和汉奸再也不敢对矿工使坏了，生怕被游击队收拾。

“杀鸡”成功，矿工游击队首战告捷，对敌人产生了极大的威慑作用。

攻打伪区公所

九龙岗伪警察所长吴化玉是尹芳轩从小在一起玩的表弟，比尹芳轩早到煤矿两年。矿工游击队成立以后，为了获取更多的情报，尹芳轩主动找到表弟，通过吴化玉获得了许多日伪军和宪兵队缉查的动向等。尹芳轩获得这些情报后，立即派游击队人员送到独立团指定联络点。

吴化玉给新四军传递情报的事被山南杨公庙的恶霸地主陈善鲁知道了，陈善鲁立即向日本宪兵告密。日军宪兵把吴化玉抓去关在了大通矿警备队水牢里。这个水牢是日军侵占淮南后，1939年冬天在日军大本营警备队驻地的院子里建造的碉堡式水牢。碉堡地面有三层，地下一层是水牢。碉堡呈圆柱形，四周用青石加水泥砌成，四周有料石砌成两米多高的围墙。水牢建成后，许多矿工被折磨致死。吴化玉在水牢里受尽严刑拷打，百般折磨，不久后便被迫害致死。

尹芳轩得知噩耗后痛心疾首，立即到山南游击队向杨效椿政委和李国厚团长作了详细的汇报。两位领导人也十分痛心和悲愤，决定集中力量再次打击日伪军，给他们点教训。

根据已掌握的情报，他们决定攻打九龙岗伪区公所。尹芳轩将九龙岗的地图给了游击队，随后返回煤矿召集矿工游击队队员。第二天晚10点，攻打九龙岗伪区公所的战斗正式打响。队员们击毙哨兵，冲入公所内击毙和俘虏所有敌人。

俘虏的区警，愿意参加新四军的就编入连队，其余的遣散回家。缴获的三十余支长枪和子弹，由一连带走。矿工游击队队员各自回家。

尹芳轩在总结这次战斗时，发现一个问题。原来这些区警大都是淮南本地人，很多人与矿工见过面，被俘的警察除少数人参加新四军外，很多人并没有参加新四军，如果受到日军的审问就会暴露。于是，尹芳轩立即向独立团汇报。独立团领导听后感觉问题严重，当即决定：让矿工游击队马上撤出淮南煤矿，编入一连，任命尹芳轩为一连副连长。由于处理及时，矿工游击队并没有受损失。

1944 年 6 月 21 日，尹芳轩父亲因病去世，得到消息后，他带着一名警卫员回到淮南大通处理父亲的丧事，不幸被汉奸汪侯德发现，最终被日军抓住。日军将尹芳轩投入水牢，严刑逼问，但尹芳轩坚贞不屈，最后被日军残忍杀害。尹芳轩虽不是共产党员，但他却是抗日的英雄和坚定的无产阶级战士。

（本文选自《合肥晚报》）

听八路军老战士陈学文讲述冀中平原游击队的故事

口述/陈学文　整理/李龙勤　张　锋　龙礼彬

七十年前，当中华民族最终夺取抗日战争胜利之际，血与火铸就的抗战精神，就在历史的星空定格成永恒。滚滚硝烟中，中国军民一幕幕慷慨赴死、气壮山河的壮举，光彩夺目，与日月同辉。矗立在硝烟中的抗战英雄们，青春不老，丰碑永存！决定世界前途命运的伟大胜利，永远值得所有爱好和平与正义的人们纪念。七十年过去了，当年的热血青年变成了垂暮老人，曾经的辉煌经历成为铭心往事，存储在他们记忆的深处，弥足珍贵。

陈学文

今天，我们纪念、走访、追忆、缅怀，就是想告诉世人，历史不能忘记，每个中国人都应从伟大的抗战精神中不断汲取力量，为了国家的富强、民族的复兴，牢记责任使命，坚定走向未来。

滂沱大雨过后，小院里的柚子树底下仍在滴滴答答落着雨点。陈学文坐在院子里的藤椅上，抿了口茶，笑着说："我今年已经八十九岁喽。我从小是个苦孩子，没读过书，卢沟桥事变后，就和父亲一起当兵去了。"

陈学文生于1926年9月，抗战后期在冀中军区第九分区二十四团通信连任班长，参加过南下讨逆、平汉战役、五一反"扫荡"、大同战役和平津战役等战斗。老人一生戎马，十四年抗战打完，又投入解放战争中，其间多次负伤。现在虽然身体带病，但是精神很好，说话铿锵有力，军人气魄十足。他说，从军多年，让他最

冀中平原的地道战

感慨的是1942年到1944年的这一段经历。

1942年，太平洋战争全面爆发，日军开始在冀中平原进行“大扫荡”，烧杀抢夺，无恶不作。大平原待不住了，部队都钻地道了。以前作为号兵的他也不吹号了，当上班长带头挖地道。

陈学文说，起初，为了在日军的“大扫荡”下保护好伤员，老百姓把他们藏在储存白菜、山药的地窖里，后来大家直接把地道挖通，以便进行转移。从邻家，到整个村，最后大家把邻近的村子都用地道相连，开始进行反击，就成了后来有名的地道战。

陈学文说，当时的地道并不像电影里讲的那么安全，通道也只能够一个人爬过，很艰苦，而且会让人感到害怕——害怕出去打不到敌人；害怕地道暴露，一死就是十几号人；害怕自己死得不值得，没有杀日军“赚”回来。

陈学文说：“1942年至1944年，是冀中平原战斗最艰苦的三年。敌人在公路上、岗楼上的据点像蜘蛛网一样，遍布各个角落，五万多鬼子进行‘大扫荡’，‘拉网式’搜查。我们的冀中根据地，在敌人眼皮底下过日子，只有利用地道藏起来、躲起来，吃喝拉撒全在地道里，白天在地道里待着，晚上再出来打游击。”陈学文继续说，“白天不能打仗，否则，一旦目标暴露，敌人便会采取报复行动，烧房子、杀人、强奸妇女，破坏我们的根据地。”陈学文在讲述日军这些暴行时，脸上青筋鼓胀，眼睛里充满着仇恨。

陈学文停顿了一下，饮了一口茶，缓解了愤怒的情绪后，突然哈哈一笑，随后说道：“敌人虽然据点多，武器也很精良，但是我们采取了灵活多样的战法，不断与敌人斗争。”

“第一种战法叫‘掏窝子’。”说完，陈学文用右手在空中一抓，那只刚劲有力的手仿佛在诉说着当年他们是如何与敌人进行艰苦卓绝的斗争的。

“有一次，我接到上级的处决命令后，立即带上两名战士，利用晚上时间蹲守在汉奸的家门口。等到汉奸从外面喝得醉醺醺地回家时，还没等他落脚，我们一脚把门踹开，然后枪一拎，将汉奸按倒在地，五花大绑后架到村外，‘叭、叭’，几发

子弹将他击毙在荒地里，尔后，立即向上级报告。这就是所谓的‘掏窝子’。”

“另一种战法我们称之为‘门帘战术’。”陈学文说，“这种战法用得相对较少些。有时，我们的行踪被坏人告密后，敌人把我们包围起来，出又出不去，钻地道也来不及，怎么办？有一次，我带着班上的十几个战士，挤在一间房屋里。当日本鬼子挑门帘进来的那一刻，我和战士们立即冲了上去，几把刺刀齐刷刷捅向鬼子。打扫完地上的血迹后，将毙命的鬼子塞进土坑底下。这时，还不能着急冲出去，因为我们是藏在村庄里，如果让敌人发现了，村庄马上就保不住了，只能偷偷地打，不能暴露，等敌人撤离后，我们再秘密转移。”

“接下来，要数‘打冷枪’。这个活，我干了不少次，也打死了不少鬼子。”陈学文说，“小日本鬼子好狡猾，鬼子据点防范功能是齐全的，有壕沟、公路，部队住处和炮楼两百米内不能种庄稼。冀中平原的秋天，青纱帐起来了，我们躲在青纱帐里，专门打炮楼里站岗的鬼子。我们通常夜袭，走三四十里路，临近清晨，摸到青纱帐里，在离炮楼两百米处把枪架好，消灭掉一个鬼子后立即撤离。为了防止敌人报复，保存革命力量，我们在南边的村庄打了以后，往东走，再往北走，迂回地走几个大弯后，这才趁着暮色回到驻地。”

“还有一个叫‘套白狼，打杆子’。”他说，在大村庄赶集的时候，离炮楼不远的日本兵一般不带枪，但带着刺刀，在集市上横行霸道、无恶不作。看到日本兵到了集市，陈学文他们就立即化装，带上手榴弹，扮成打柴的老乡。当走到日本兵身边时，冷不防地抽出扁担，瞄准日本兵的脑壳狠狠地砸下去，顿时，脑浆迸了出来。这一战法，被大家称为“打杆子”。

相比之下，“套白狼”更简单些。陈老说，他和战士们带着一根绳子，趁敌人不备的时候靠了上去，从日本兵的背后用绳子往脖子上一套背着就走。由于日本人个子比较矮小，脖子被绳子勒住后，发不出声音，手和脚在空中乱踢乱蹬，垂死挣扎，五分钟不到就毙命，然后把日本兵往地上一丢。陈学文说，在冀中，由于他们创造了很多对付日军的战法，敌人个个胆战心惊，一听说游击队来了，怕得要死，躲在据点里不敢出来。

“能取得抗战的胜利，还与一部分人分不开，他们就是我们的联络员。”陈学文说，这些联络员都是地下工作者，平时给敌人当伪村长，表面上是给日军办事，实际上是深入敌方搜集情报。当日军一有军事行动，就及时通知游击队转移，并掩护撤离。为了不暴露目标，对敌人要的粮食，他们也要上交一些，但大部分的粮食、食盐和药品，还是留给了游击队。有了这些“红色联络员”的掩护，游击队的安全也就得到了保障。

年近九旬的陈学文笑着说："我是一名抗战老兵，多给你们年轻人讲讲当年的事情，也算是发挥余热啦。"在陈学文身上，看不到抗战的艰苦，看不到被病痛折磨过的痕迹，看不到失去一个肺的痛苦，看到的是在苦难面前，他对生活的豁达，以及对于生养自己的土地和在这片土地上生活的人民的热爱。

（本文选自《中国国防报》，有删节）

东江纵队抗日谍战风云录

文/宾　阳　毕中林

广东人民抗日游击队东江纵队是抗日战争时期，由中国共产党领导的在华南敌后建立的一支人民抗日武装队伍。在长达十四年的艰苦曲折的抗日斗争中，东江纵队在曾生、林平等领导的指挥下，积极配合全国各地抗日战场和盟军，英勇地打击敌人，成为蜚声中外的华南抗日战场一支坚强的武装部队，成为广东人民解放的一面旗帜，为中华民族的解放事业作出了不可磨灭的贡献。在抗日战争中，东江纵队机警而出色的情报工作，在整个战争中发挥了重要的作用，赢得了国际友人的高度评价。东纵战士营救了一批国际友人和盟军人员，赢得盟军信任，为建立情报合作关系奠定了基础，促进了国际反法西斯统一战线的发展。

初夏的大岭山，郁郁葱葱，绿意盎然，宛如一块晶莹剔透的大翡翠镶嵌在繁华富庶的珠三角大地上。这块饱经烽火洗礼的革命圣地，如今是全国青少年教育基地，人气鼎盛的森林公园。抗日战争时期，正是在这个风景秀丽的小山脉，上演了惊心动魄的抗日游击战，成为当时“敌后三大战场”之一的华南敌后战场的主要阵地。在小山脉脚下的大王岭村，如今还保存着当时的村落布局和历史氛围，2005年9月，广东东江纵队纪念馆在这里落成，成为华南地区纪念抗战历史的一个地标。

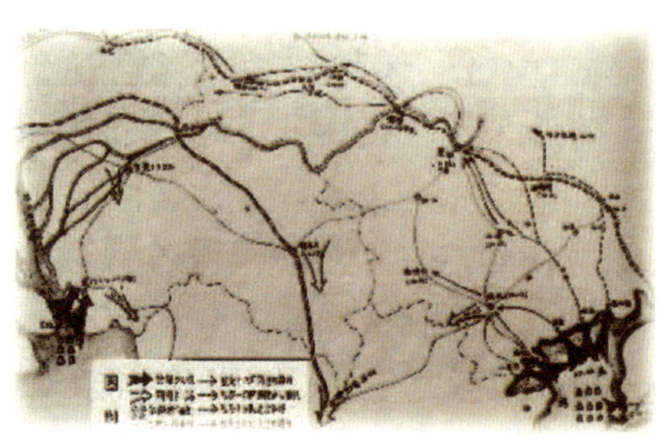

1938年10月，日军入侵东江示意图

全面抗战爆发后，中共中央派廖承志、潘汉年和张云逸到香港、广州组建八路军办事处，开展统战工作和动员民众抗日，并于1938年4月，成立中共广东省委。同年10月，日

东江纵队游击队员在行军中

军侵占东江下游各县及广州后，中共中央即电示广东省委和八路军驻香港办事处在东江敌占区开拓游击区。据此，八路军驻香港办事处主任廖承志委派中共香港海员工委书记曾生，率共产党员和香港进步工人、华侨知识青年共三十余人来惠阳县（今惠阳区）坪山地区，组织人民抗日武装。东江纵队正是在这样的组织领导下，逐渐发展壮大的。

1941 年 12 月，日军侵占香港。根据中共中央的指示，东江纵队的前身广东人民抗日游击队第三、第五大队各派出一支武工队进入港九地区，成立港九大队，开展城市游击战。直到 1943 年 12 月 2 日，广东人民抗日游击总队才正式改编为东江纵队，曾生任司令员，林平任政治委员。

东江纵队在同日伪顽军的长期斗争中，逐步建立了整套严密的情报系统。在整个东江敌后，南起香港，北到广州，东至海陆丰，西达珠江东岸，包括粤北沦陷后的北江和小北江地区，遍布着大小不一的情报站。从事情报工作的人员发展到两百多人，这些地下党员不畏个人安危，日日夜夜在敌占区甚至敌人的心脏，为获取各方情报同敌人斗智斗勇。

刺入敌军心脏的利剑

今年九十五岁的杜襟南，曾任东江纵队司令部机要科科长。5 月 24 日，这位家住广州市白云区的老战士讲述了抗战时期东江纵队情报工作尘封的往事。尽管年逾九旬，但他的思路清晰，声音洪亮，说起当年的故事，显得格外兴奋。

1940 年末，杜襟南由中共广东省委调到东莞大岭山抗日根据地工作，创办了抗战时期广东敌后地区第一份革命报纸《大家团结报》，任报社负责人。“我来的时候，省委给了我两个任务：一个是去做东江军政委员会的秘书；第二个就是建电台。但实际上很多时候都在搞情报工作。”

杜襟南说：“各部队情报站的工作重点是获取日伪顽军的军事情报，如驻军人数、布控、武器装备、工事设施、战斗力强弱等情况。特别是日伪顽军有行动时，情报人员就要千方百计提前获取其兵力集结、行动部署、进攻时间和目标等准确情

报，并抢在敌人行动之前，哪怕是早一天半天甚至一小时将情报送达部队。这对部队迎击敌人能否取胜有着关键性的作用。”

在港九地区，东江纵队港九大队建立起大队、中队和群众三级情报网，搜集日本占领军的军事、政治、治安、经济、文化等各方面的情报。为取得准确情报，港九大队还设法派一批队员打入日本占领军的行政管理机构和情报工作系统，使港九地区形成了有网、有线、有点的情报工作系统。香港九龙的各个角落，几乎都有港九大队的耳目，随时都可以了解敌人的情况。

何太是杜襟南的老搭档，1921 年出生，东莞莞城人。历任广东人民抗日游击队战士、班长，《大家团结报》记者、编辑，广东人民抗日游击总队电台译电员、新闻文件电台台长等职。1985 年，何太从暨南大学经济学院党委书记任上离休。

何太讲解了电台情报翻译的原理，他说：“收报机听不了音乐，只能收电报。我们收了就自己译，那些电码是明码，四个码代表一个字。”何太举例说：“延安的‘延’字就是‘1693’，‘安’字就是‘1344’，如果要翻译‘延安 ×× 日电’，必须记住这些代码才能译出来，不然只知道信号是看不出什么来的。”

“当情报人员打入敌军内部时，他们就像一把利剑直刺敌人的心脏，让他们防不胜防。”何太说。

李成就是其中之一，他会讲英语和日语，打入了香港日军宪兵部特高课。一天中午，值班的军曹带队下令立即出发，分布到各交通要道、码头缉捕港九大队市区中队的游击队队员。李成得到情报后，冒着生命危险直奔设在北角清风街的联络点报信。市区中队及时采取防范措施，使敌人一无所获。他还曾利用职务之便窃取了一份驻港日军的军用地图副本，交地下党负责人黄施民转黄作梅交美军第十四航空队。1944 年底至 1945 年初，盟军据此图炸毁了香港九龙船坞等日军据点。

《东江纵队志》也记载了女情报员文淑筠的事迹。在香港中上环之间半山上一座“儒林台八号”的四层楼上，港九大队女队员文淑筠每天站在阳台用望远镜观察维多利亚港湾日本军舰出港及锚泊的情况，一一记录下来交给市区中队转送港九大队，为后来盟军出动飞机轰炸日军军舰提供了有价值的情报。

启德机场刘黑仔的传奇

在广东东江纵队纪念馆展厅，有一尊头戴毡帽手握驳壳枪的塑像，神态英武，他的绰号叫“刘黑仔”，原名刘锦进。这是一个充满传奇色彩的人物。该馆的讲解员讲述了他的一段传奇故事。

日军侵占香港、九龙后，加紧在香港建立空军基地，把九龙的启德机场扩建为空军机场，成为日军经常轰炸和威胁中国沿海及内地、控制南太平洋上空和领海的基地。为了准确有效地炸毁日军的这个基地，英、美盟军曾几次派出情报人员，深入港九地区对机场进行调查和实地侦察，都没有取得成功。盟军情报人员在香港、九龙待了三个多月，都无法进行调查，结果一无所获。

1942年，英军在广西桂林成立了英军服务团，并在惠阳成立了英军服务团前线办事处。巧的是赖特上校和祁德尊少校正好分别任服务团总指挥和办事处主任，就在他们为无法获得启德机场的情报而犯愁时，赖特上校和祁德尊少校想起了东江游击队，因为他们都是被东江游击队营救出来的，所以对东江游击队极为赞赏和信任。

一天，他们找到东江游击队领导曾生，请求游击队配合他们搜集启德机场的相关资料。

任务落在短枪队队长刘黑仔身上。刘黑仔经过仔细观察，发现日军机场虽然戒备森严，但对附近的小孩儿出入机场未加管束，那些小孩儿经常在机场内玩耍，有时还会偷些废铁等东西出来卖钱。为此，刘黑仔派出小交通员混入小孩子当中反复摸索，不到三天时间，就将启德机场的建筑、构造和火力配备等情况调查得清清楚楚。

得到第一手资料后的英军非常高兴，毕竟他们三个月办不到的事情东江游击队三天就顺利完成了。对此，赖特上校和祁德尊少校赞叹不已。不久派出第十四航空大队在桂林起飞，将启德机场炸了个天翻地覆，使日军遭受重创。从此，东江纵队与英军服务团开始了并肩援救美军人员、互通军事情报的合作。

与美军建立情报合作

东江纵队与英军的情报合作，引起了美军的高度重视。1944年2月，罗斯福致电蒋介石要求派遣美军观察组赴延安考察。美军驻重庆高级顾问史迪威将军与中共驻重庆办事处的周恩来谈判，要求派观察组到中共抗日根据地进行合作。同年10月7日，欧戴易少校负责的美军观察组来到东江纵队，要求进行情报合作。

东江纵队就与美国进行情报合作的问题，向中共中央发去了请示电报。10月13日，党中央回电同意了东江纵队的请示。随即，东江纵队抽调袁庚负责筹备联络处的工作。1944年11月1日，纵队再次就联络处的筹备情况请示中央。中央同意在东江纵队设立联络处作为特别情报部门，正式任命袁庚为东江纵队联络处处长，主管珠江三角洲和广东沿海敌占区的情报和交换情报的工作。

为了保密，东纵司令部转移到罗浮山，欧戴易的观察组对内叫安全保密组，由

东江纵队游击战士分路伏击敌人

翻译黄作梅陪同，隐藏在罗浮山北侧的一位地下党员家里。东江纵队在罗浮山上架设电台，通过欧戴易少校与美国第十四航空队的陈纳德将军和美国太平洋舰队总司令尼米兹联系。

郑群，曾任东江后方特委武装工作部部长，东江人民抗日自卫总队队长。他于2005年在《广东党史》杂志中发表了一篇《东江纵队的特点及其精神》的文章。文章中提到，1944年7月，李嘉人、邓楚白带领一批进步青年从桂林到东纵、珠纵参加部队。邓楚白向省临委报告了美军准备在中国东南沿海登陆打击日军，需东纵配合。接着省临委派邓楚白与从珠纵到广州的李嘉人接头，派李回广西联系。随后，经党中央电示同意，美军第十四航空队派出一个情报组到东纵建立情报合作关系，并设立电台。东纵相应建立联络处作特别情报部门，任命袁庚为处长，黄作梅任联络员兼英文翻译，主管广东沿岸及珠江三角洲敌占区情报工作。

《东江纵队志》记载，东江纵队联络处先后向美军提供过日军在香港启德、广州天河、深圳西乡南头机场的图例和说明，以及日军太古船坞建造计划图、日军华南舰队密码、日军神风攻击队K2飞机图纸、广九沿线日军工事图、香港日军海防图等大量重要的军事情报。

黄作梅在《我们与美国合作》等文中写道："因为这些情报对在华美军当局证明了非常宝贵和有用，东江纵队获得了陈纳德将军、在华美军司令部甚至华盛顿的赞誉。盛赞东纵情报站是'美军在东南中国最重要之情报站'，它的情报被认为'在质与量都经常优越'，感到'极大满意'。"鉴于东纵为世界反法西斯战争作出了贡献，1947年英国政府邀请黄作梅到伦敦参加庆祝第二次世界大战胜利大游行，并获英皇接见，授予"MBE勋章"。

虎门情报站的策反故事

在由广东东江纵队纪念馆主编的《刀锋岁月》一书中，详细记录了虎门情报站的一段历史。该书中《战斗在日伪心脏的虎门情报站》一文记载：虎门情报站的工作人员深入敌人心脏，在敌人的眼皮下冒着生命危险以各种职业作掩护搜集情报资料，或利用各种关系打入敌伪的队伍中获取敌情，甚至策反敌伪人员为东纵军队提供情报。

情报员有时甚至单刀直入，控制日伪重要人物，胁迫其提供情报。《刀锋岁月》中记载，虎门社岗地主、太平资本家叶炳荣，是太平荣丰米铺和莞太汽车行的老板，1944 年叛国投敌，当上虎门日军“宪兵侦缉队”队长。他曾被东纵部队抓获过，本该按汉奸惩处，但他表示悔改并答应为我部队提供情报，被宽大释放。

但此人狡猾，言而失信。6 月的一天，新生大队的政委张英同志通知欧培，要设法到“宪兵侦缉队”部找到叶炳荣，限令其为游击队提供情报。在此之前，游击队已经派三名党员打进侦缉队。欧培接到通知后，马上开始行动。他把左轮手枪藏在雨伞中，顺利通过虎门东较场岗哨和虎门医院日军总部岗哨，到达叶炳荣的住处。

当欧培进入叶炳荣的房间时，叶正躺着抽大烟。欧培冷冷地叫了一声“荣哥”，叶炳荣立即脸色大变，伸手向枕下取手枪。欧培压住他的手说：“你不用怕，我不杀你，上级叫我找你，有事商量。”他问：“上级是谁？”欧培答：“老模（当地百姓对东纵游击队的俗称）。”

欧培机警地把叶炳荣的枪卸了子弹，丢在床头，然后命令他开车离开虎门到一个山头详谈，他照办了。经过详谈，叶炳荣深知当汉奸没有好下场，表示要将功赎罪，以后保证给游击队提供情报，并约定由荣丰米铺工人王培负责联系和接取情报。从此，叶炳荣不断向游击队提供日伪活动的情报。这些情报先后被送给游击队的史明、张英、李植光等领导同志，为制定战略方针提供了参考，使部队在战场上取得了主动权。

那些为情报牺牲的烈士

情报交通站的旧址位于东莞市大岭山镇大王岭村，这里较完好地保留着当年商铺的原貌。商铺里面立有一尊掌柜老板的塑像，柜台里陈放着一些当年商品的仿制品。作为情报交通站，这里表面上看就是一间普通的商铺，其实店主就是时刻准备为革命事业献身的地下情报人员。

东纵纪念馆副馆长李河清讲述了大岭山当地情报工作的往事。李河清说，有的情报人员遭敌人逮捕而壮烈牺牲，女教师李淑桓就是其中一位。她从香港带了六个儿女回到内地参加抗日游击队。回来后，她在东莞市大岭山区大圹村任教，并负责情报工作。1941 年 10 月顽军进攻大圹村，她不幸被捕。李淑桓痛斥顽军不打日军专打内战、屠杀抗日军民的暴行，被顽军杀害于大岭山金橘岭村。

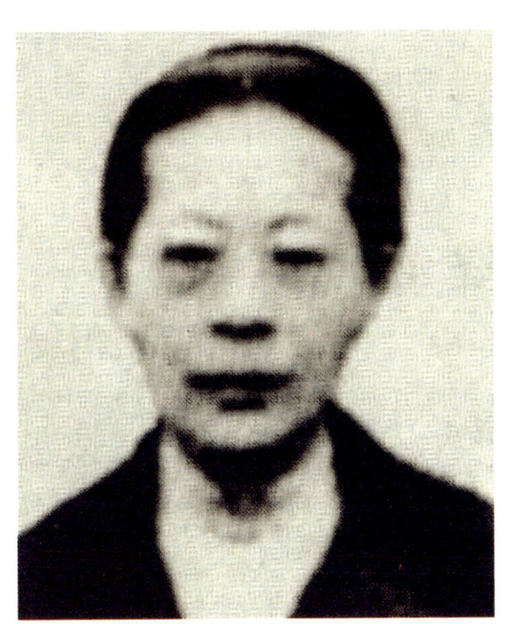
情报员李淑桓烈士

东莞石龙镇的张招妹也是因情报工作而牺牲的一位女英雄。张的两个女儿李焕章、李嫦参加了抗日游击队，她也在石龙镇负责交通站情报工作。张招妹经常以小贩身份作掩护，把情报藏在发髻里，机警地通过敌人一个个关卡送达目的地。1945 年 4 月，东莞国民党军勾结伪军头目李潮的“抗红义勇军”，由叛徒带路突袭交通情报站逮捕了张招妹，迫使她供出游击队和交通情报站的情况。张招妹受尽严刑拷打而宁死不屈，最后被顽军拖到东江河边枪杀而英勇就义。

（本文选自《中国文化报》）

芦苇荡演绎鱼水情

——太湖游击队突破“冲山之围”

文/何　兵

冲山岛

七十多年前，冲山还是一个孤立的小岛，并未与吴中区光福镇相连。该岛当年四面环水，芦苇连成片，就在这里，发生了有名的“冲山之围”。以薛永辉为首的五位同志被围后，面对敌人梳篦式的搜捕，在当地村民和太湖游击队员的巧妙配合下，最终于二十天后摆脱了日伪军的魔爪，成功突围。

叛徒告密冲山岛被围

当年的冲山岛，面积不足三平方千米，住着七十多户人家，三百多人。太湖游击队全称是“新四军太湖抗日游击支队”，是一支活跃在太湖地区的抗日人民武装。1944 年下半年，中共苏西县委为了壮大抗日力量和更加有力地打击日伪势力，决定在冲山岛举办一期民兵骨干训练班。9 月 9 日上午，中共苏西县委书记兼太湖游击

队司令薛永辉、邓尉区行政办事处副主任黄惠群等区县干部、部分太湖游击队短枪队队员及各区民兵骨干共五十多人集中于冲山岛。

然而就在训练的第一天，队伍的行踪就因为泄密而被敌人知悉了。时年八十四岁高龄的沈金虎说，她的父亲沈金虎当年负责冲山船只的摆渡。9月9日一早，太湖游击队司务长胡文仁乘坐沈金虎的船前往光福采购粮食蔬菜，下船时胡文仁对沈金虎说："如果到了9点半我还没回来，就不要等我了。"

原以为这是安全提示，可没想到，胡文仁因为平时利用职务之便贪污了组织上一些钱财，怕被组织上查处，于是他趁这次外出采购的机会，跑到光福的日军那里告密了。可这一切，就算沈金虎回去汇报情况时说没有等到胡文仁，薛永辉等人依然没有想到。当天下午4时许，三百多名日伪军、特务、翻译等突然乘木壳子船和汽艇，将冲山岛围了个水泄不通。

分批撤退藏身芦苇荡

当年的冲山岛不与陆地相连，当天又没有风，要乘坐无帆的木筏撤退，显然不切实际，木壳子船的声响已经越来越近，一些没有经历过突发险情的民兵已经开始慌乱。薛永辉当即决定：由武工队的战士负责掩护，其余人员分组快速进入芦苇荡里隐蔽，伺机突围。

紧急部署之后，薛永辉、黄惠群、许岳平、严月落、王坚、张云和李兴根等十人准备寻找隐蔽点。虽说四面芦苇茂盛，可很多地方都是浅水区，并非隐蔽的首选。这时，当地姐妹会会长，同时也是村里负责给游击队种菜的姑娘顾阿妹提议说，她知道一处茂密的芦苇丛，面积大，四周水很深，仅在水下有一条很窄的河床可以走到芦苇丛中间，连当地的村民也不一定知道，就在冲山岛东部的和尚浜口。于是薛永辉等人连忙前往。

郑根男是顾阿妹的儿子，他说，当年母亲只有十七岁，帮助薛永辉等人隐蔽到芦苇荡丛中时，母亲身后还背着年仅六岁的妹妹。将薛永辉等人藏好后，天色已快黑下来了，薛永辉催促顾阿妹赶紧回到村里，以免被敌人发现，造成麻烦。顾阿妹走后，天空就下起了雨，而且越下越大，不一会儿，暴雨就倾泻而至。

为了避免被敌人发现，顾阿妹背着妹妹，从山坡上辗转回到家中。这时，薛永辉等人的二十天考验才刚刚开始。芦苇荡中，他们常常遇到劈头盖脸的浪涛，本就几乎齐腰的湖水，一下子冲得几乎没过头顶，人要站稳极其困难，几人互相搀扶，就这样，熬过了第一晚。

日军逼问村民巧帮忙

第二天，日军召集冲山全村人在村子的庙前广场集合。沈伟东说，当时三百多名日伪军，将第一天抓到的民兵骨干一个个反绑着带出来，并在广场周围的三个路口都架上了机枪。

日军让村民指认哪个是游击队员，可三百多村民就像约定好的一样，纷纷摇头说不知道。眼看毫无进展，日军的两个翻译出了个鬼点子，青壮年、老人和孩子分开站立，让老人、孩子去认领站在一边的青壮年，如果有谁没人认领，这个人就暴露了。场地上的气氛异常紧张，眼看青壮年一个个都被认领了，就剩下游击队联络员郁长林一人。他第一次来到冲山岛，村民们都还不认识他。敌人一下就把他拉住，问村民："他是不是新四军太湖游击队的人？"就在这千钧一发之际，村民李春英从人群中赶忙来到郁长林面前，转身面朝敌人说："他是我外甥呀！难得来冲山，是来看娘舅我的。"说完，又转身指着郁长林，用责怪的语气说道："你早不来晚不来，今天你来啥？"日军不信，于是从人群中拉来一位老者，问这人是不是李春英的外甥，老者说"真的是他的外甥"后，这才让李春英领走了郁长林。

接下来的日子里，日军多次集中村民，威逼利诱，可依然无法得逞。于是，日军将目光转移到了湖中，这已是薛永辉等人被围的第九天。敌人先将一箱箱火油和干柴搬进芦苇荡并点着，很快芦苇荡里就浓烟滚滚，可谁知干柴烧完了，9 月的青芦苇却烧不起来。日军一看这招不灵，又逼着村民手拿扁担竹竿，分组排队压芦苇，妄图找出薛永辉等人。村民们心知肚明，哪能暴露抗日队伍的行踪，于是大伙儿都不用力，遇到薛永辉的隐蔽点就故意绕开，而且当时芦苇长得很高，就算压一半下来，下面的空间还足够躲藏。

沈伟东说，村民之所以如此保护游击队员，是因为太湖游击队和冲山当地老百姓感情很好。"之前太湖土匪很多，烧杀抢掠无恶不作，闹得人心惶惶。游击队到了村里之后，就帮助村民赶走了土匪，所以当地老百姓一直心存感激。"

忍饥挨饿新稻谷救命

时值 9 月，芦苇荡中的日子实在不好过，白天秋老虎热得人直犯晕，晚上冰凉的湖水冻得人发抖。又大又多的蚊子就算双手接连拍打也无济于事，铁嘴苍蝇刺得人无法忍受，蚂蟥又像吸血鬼一样，在队员们身上肆虐，后来好不容易找到一处凸出水面的高地，可遍地的刺藜让队员们几乎无处下脚……

而躲在芦苇荡中，食物是最缺乏的。刚开始的几天，顾阿妹还能送来一些山芋、锅巴等食物，游击队员会到事先说好的地点取，可后来日军的封锁变得严格起

来，被围困的游击队队员就失去了食物来源。

没得吃，只能就地取材，啃芦根、嚼荷梗。后来没办法，只能让身体条件尚可的队员到外围打探。天无绝人之路，就在和尚浜的西南方向，一大片稻谷地被队员们发现了。9月，稻穗已是粒粒饱满，队员们喜出望外，立即捋下稻谷带回芦苇荡，五人围在一起，把谷子送到嘴里，吐出谷壳，慢慢嚼着生米，再慢慢咽下。

就这样，他们白天隐蔽喝水，晚上出来捋谷子、打水。与此同时，冲山岛外苏西县委也设法营救，他们安排人将一部大水车故意移到一个地方，又通过一些人到处说“薛司令利用水车下面的沟渠逃出去了”。消息传到日军耳朵里，日军居然信以为真，还到水车里去堵，结果自然什么也发现不了。

此时，苏南二地委和第二军分区已派出两百余名战士，从宜兴出发至苏西地区，这给敌人造成了不小的震慑，加上日伪军早已筋疲力尽，产生了厌战情绪。9月29日，围困未果的日本人只好撤离冲山岛。当天上午，薛永辉等五人被冲山群众从芦苇荡中救出。

（本文发表于2015年9月3日，选自《姑苏晚报》，有删节）